海外の有名大学に、リモートで留学する

ぱる出版

はじめに

アメリカやイギリスの大学に通ってみたかったなぁ。
でも、今さら、そんなことは無理だ。

この本を手に取った方には、そう思っている方がいるかもしれません。
では、どうして、今さら海外大学には通えないのでしょうか。

毎日フルタイムで働いているから？
英語ができないから？
学費や滞在費を払うお金がないから？
子育てや介護、家事に追われているから？

色々な理由があるとは思いますが、このような理由で夢をあきらめてしまうのは、とてももったいないです。

でも、今から海外大学に通うというイメージは、なかなかわかないはずです。海外留学経験者がそのノウハウを説明した本を出版していますが、それを読んだところで、今さら仕事や家庭を捨ててまで海外留学をしようとも思わないし、留学したところで費用に見合った見返りがあるわけではないし、今さら現地の学生のノリに合わせて交流する元気もない、というのが、社会に出て働いている人、家庭を持っている人の大半ではないでしょうか。

だからこそ、私はこの本を書きました。

今からでも、海外大学で学ぶのは遅くはないと知ってもらいたくて。

世界の様々な大学が提供する通信教育課程（以下、「通信課程」と言います）を利用すれば、**日本にいながら、海外の名門大学を、格安で卒業することもできる**のです。

通常、海外の大学で学ぶには、英語力はもちろん、高額な学費や生活費を払う金銭的な余裕も必要となります。

学生時代、ずっと英語が得意で、親が留学するお金を出してくれた人。とびっきり勉強ができて、高額の奨学金をもらえた人。そんな、限られた人だけが行けるのが海外大学だと思われるかもしれません。

ですが、**海外大学のハードルはそこまで高いものではありません**。最低限の英語力は求められますが、ネイティブレベルの英語力は必要ありません。帰国子女のように流暢に英語が話せなくても、海外大学を卒業することはできるのです。それも、アメリカやイギリスの有名大学に通うことができるのです。しかも、格安の学費で。

この本では、**あなたが現在の仕事や生活を維持したまま、これから海外大学で学ぶ方法**を紹介します。

私は元々、英語が大の苦手でしたが、働きながら英語を勉強し、社会人として通信課程でロンドン大学に入学し、グラデュエート・ディプロマを取得しました。

このグラデュエート・ディプロマというのは、日本ではなじみがありませんが、一度大学を卒業した人（学士）が、別の分野でも学士レベルの勉強を終えたことを示す資格です。修士課程で、学部と違う分野に進む際などに取るものです。

また、私は、その他の国内外の大学・大学院で学んだり、各大学通信課程の情報収集を行ったりしています。

これらの経験や知見を踏まえ、この本では、あまり時間を取れなくても通える大学、求められる英語力が低めの大学、日本から一歩も出ずに卒業できる大学、オンラインで卒業できる世界の名門大学など、様々な海外大学の通信課程を紹介し、あなたが仕事や生活などと両立させながら、夢を叶えるお手伝いをしたいと思います。

海外の有名大学に、リモートで留学する　CONTENTS

PART 1
海外大学はリモートでお得に通える！

CONTENTS

PART 2 海外大学の多様な通信課程

PART 3 海外大学の入学・通学・卒業

PART 1
海外大学は
リモートでお得に通える！

CHAPTER 1

海外大学通信課程で学ぶこととは

〈はじめに〉で書いたとおり、私は社会人として、フルタイムで働きながらロンドン大学の通信課程で学び、グラデュエート・ディプロマを取得しました。

このディプロマはロンドン大学からもらっていますが、プログラムを提供しているのは、QS「世界大学ランキング」（2020年）の社会科学分野でハーバード大学に次ぐ、世界2位のロンドン・スクール・オブ・エコノミクス（LSE）です。

教材作成や試験の作成・採点は同大学が行っているので、高水準のプログラムと言えるでしょう。実際に、LSEが作成している教材は、その学問を体系的にまとめており、入門書としてかなり質の高いものでした。

ここまで読んでいただいて、「本当に、自分でも海外大学に入れるの？」と思う方も多いでしょう。

私が、元々、英語ができただけと思われるかもしれません。

しかし、私は仕事や生活で英語を使うことはないと思っていたため、高校時代は英語の定期試験で赤点（30点未満）や赤点ぎりぎりの点もよく取っていました。英検も、高校時代に何度か2級に落ちているので、社会人で再度英語の勉強を始めるまで、3級しか持っていませんでした。

大学でもレベル分けで英語は初級クラス。英語の授業終了後にTOEICを受ける機会もありましたが、ほとんどわからなかったので、当てずっぽうで答えました。当時は大学の事務室に取りに行かないと結果がもらえなかったので、何点だったのかもわかりません。

英語力を伸ばした今となっては、比較対象として、勉強前のスコアももらっておけば良かったと悔やまれるところです。

大学の終わりごろから英語に関心を持ちはじめ、社会人になってから少しずつ勉強をしていたのですが、しばらくしてTOEICを受けても、500点台でした。これでは、海外大学は夢のまた夢です。

ですが、その当時、ロンドン大学通信課程を卒業した人の情報を見つけて、通信でもロンドン大学で学べることを知り、いつの日か自分も同大学で学びたいと思い始めました。

その頃は、まだまだ英語ができなかったので、ロンドン大学のホームページを見ても、ちゃんとした情報も見つけられない状態でした。

こんな状態からでも、英語を勉強して、働きながら海外大学のコースを修了することはできるのです。


しかし、海外大学の通信課程の情報は、国内ではほとんど知られていません。

わずかに、卒業生や在学生が書いたブログなどもありますが、どのような大学があって、どうすれば入れるのか、その情報は限られています。


通常の海外留学だと、留学手続きや勉強をサポートするサービスもありますが、通信課程だと、日本の企業が海外大学と提携しているサービスなどの一部に限られ、私が入学したロンドン大学や、本書で紹介する各大学の情報はほとんど手に入らないのです。

英語が得意な人であれば、日本語での情報はいらないかもしれません。

でも、今はまだ英語力も海外大学には届かないけれど、入学を目標に英語を勉強したい、だから入学に必要な情報を知りたい、という人はほとんど情報を得ることができません。また、仮に英語ができる人でも、通信課程のプログラムを知らないために、海外大学入学という道を見つけられないかもしれません。

海外大学通信課程を詳しく調べてみると、様々な国に、あらゆる分野のコースがあり、そこには**無限大と言っていいほどの可能性がある**ことがわかります。

現在、世界中で多くの感染者・死者を出している新型コロナウイルスは、デジタル・トランスフォーメーション（ＤＸ）を加速させるという見方があります。

実際に、新型コロナウイルスの感染防止のため、テレワークを導入する会社が急増したことで、多くの社会人がその技術を経験し、その可能性を見出すことができました。観光地やリゾート地でテレワークをする「ワーケーション」という言葉も目立ってきて、今後、働き方は急激に変わってくると思われます。

教育の分野でも、コロナ禍は新たな展開への転換点になるでしょう。現在、多くの大学生は大学に通えず、オンライン授業を受けています。この状況は、世界の大学でも同様です。退学や休学する人も多く、大学生の方々にとっては非常に心苦しい状況ですが、これを機に通信教育への関心や理解が世界的に高まっていくのではないでしょうか。

この本では、今はまだ海外大学の情報を探せる英語力はないけど、いつか海外大学に通ってみたいという人にも、海外大学の仕組みや選び方、学び方などを理解してもらえるように書いています。

また、高校生・大学生にも参考になる情報も含めましたので、これから海外留学を考える学生の方も、ぜひ参考にしてください。

なお、この本に掲載している情報は、執筆時のものです。各大学が提供するコースや学費は毎年のように変わりますので、入学を検討される際には、必ず大学のホームページ等で最新の情報を見るようにしてください。

また、各種ランキングなどの情報を書きますが、これも執筆時点での最新データになります。

CHAPTER 2

海外大学通信課程は簡単なのか？

「海外大学＝難しい」という考えを無意識のうちに持っている方も多いでしょう。社会で活躍している人が華々しい経歴の一つとして、海外大学卒業と書いていることも多いので、別世界のように感じるかもしれません。名前を知らない大学でも、アメリカの「○○大学卒業」と書かれると、なんとなく、すごいように思えてきます。

しかし、日本でも大学の偏差値がピンキリなように、海外大学もレベルはまちまちです。

アメリカの私立大学の中に、レベルの高くない大学も多いことは、まだ想像がつきやすいと思います。しかし、イギリスの大学で「英国国立○○大学」などと書いている場合も同じです。国立なんだからレベルの高い大学なのだろうと思いがちですが、イギリスの大学には私立大学はほとんどないので、日本のように、国立だから一定のレベル以上というイメージを持つのは誤りです。

基本的には、通信課程の入学難易度は、通学課程に準じると考えて問題ないでしょう。誰でも、入れるならばできるだけ教育の充実した大学、評判が良い大学に入りたいと思うものですから、特に場所の制約がない通信課程では、有名大学に受験者が集まるのは想像に難しくありません。

ただ、通学で入るのと通信で入るので難易度が同レベルであるとは限りません。また、日本の大学入試のように、何科目ものペーパーテストを受ける必要もありません。

学力面で海外大学入学時に必要なことについて、①すでに日本の大学を卒業していて、海外の大学院に入学する場合、②すでに日本の大学を卒業していて、海外の大学（学部）に入学する場合、③まだ大学を卒業していなくて、海外の大学に入学する場合、の３つのパターンで説明しましょう。

①すでに日本の大学を卒業していて、海外の大学院に入学する場合

この場合、学力面で重要なのは、英語力と大学時代の成績です。英語力については、あとで説明します。大学時代の成績というのは、提出する成績証明書に基づいて評価されるものです。

最近、大学を卒業された方では、在学時から各科目の成績に基づいてGPAという評価が計算されていた方もいると思います。いわゆる「評定平均」のようなもので、各科目の得点を、4を最高として3、2、1、0（不可）の5段階で付け、その平均を出したものです。このように、大学時代の科目全体の成績が合否の判断材料となります。

また、アメリカの大学院の場合は、言語能力、分析能力、数学能力などを測るGREという試験のスコアも要求されることが多いです。さらに、MBAの場合には、特にアメリカではGMATという試験のスコアも求められることも多くなっていますので、これらを受験する必要があります。

②すでに日本の大学を卒業していて、海外の大学（学部）に入学する場合

この場合は、その大学が学士編入を認めているかによって状況が異なります。学士編入というのは、日本でも、すでに大学を卒業した人が医学部に通いなおす場合などに、よく行われているものです。一度、大学を卒業しているので、他の大学に入りなおしても、一から勉強する必要がなく、2年生や3年生として入学できるという制度です。

海外大学でもこうした制度を設けているものがあり、その場合は、入学要件や提出書類が変わってきます。この制度がない大学の場合は、入学方法は次の③と同様になります。

学士編入の場合は、英語力の証明に加えて、やはり大学時代の成績証明が求められることが多いため、大学の成績（ＧＰＡ）が良い方が好ましいです。また、高校時代の成績が求められることもあります。

③まだ大学を卒業していなくて、海外の大学に入学する場合

英語力の証明が求められるのは①、②と同様ですが、高校の成績証明書等でこれまでに修了してきた教育課程とその成績を証明する必要があります。

日本と海外では、教育制度が異なるため、日本の高校卒業レベルが、海外の大学入学資格にならない場合もあります。

例えば、日本の高校卒業者は、イギリスの大学進学者が合格しているＧＲＥ Ａレベルと同等と認められないため、大学入学前に「ファウンデーション」と呼ばれる1年のコースを修了してからイギリスの大学に入学することが多くなっています。

ロンドン大学通信課程ではファウンデーションコースを設けていますから、これを修了することで、Ａレベルを求める課程にも進学できます。また、オープン大学など、Ａレベルを要件としていない大学もあります。

また、アメリカの場合は、ＳＡＴやＡＣＴなどという試験のスコアが求められることも

あるでしょう。

今、お話ししたことはあくまでも目安なので、大学によって、求められるものは異なります。日本ではあまり考えられませんが、学士号を持っていなくても修士課程に入れることや、修士号を持たずに博士課程に入るということもあります。例えば、イギリスのカンブリア大学のMBAコースでは、学士号を持っていなくても一定の職務経歴があれば、同等の資格があるものとして入学を認めています。

日本では、東京大学の入試問題は東京大学が作成し、早稲田大学の入試問題は早稲田大学が作成するなど、大学ごとに作成する学力試験を受けるのが一般的です。ですが、アメリカやイギリスの大学・大学院では、学力を測る入学試験を大学が独自に作成することは、あまり一般的ではありません。

①英語力、②大学などの成績、③GREなどの外部試験、④エッセイ、⑤大学教員や上司からの推薦などに基づいて、大学が入学許可者を選びます。エッセイや推薦などの詳細な入学要件は、後でまた説明します。

アメリカではGREなどの試験の結果が求められることも多いため、通常、学力試験を受ける負担はイギリスよりもアメリカの方が重くなっています。

私はイギリス以外の海外大学には入学していませんので、入学に当たって英語力の証明となるIELTSという試験以外に、学力試験は受けたことはありません。学力試験は受験料も高額ですし、対策も必要ですから、こうした試験を求められない大学院の方が簡単に入学できると言えるでしょう。

英語力や高校・大学の成績は、具体的な入学基準が決められていることが多いので、それを満たすことが大前提になります。ただ、最低要件を満たせば、入学できる可能性が高いと考えて良いでしょう。

アメリカやイギリスの大学・大学院では、大学ごとに年数回の入学申込期間が設けられていて、その期間中であればいつでも申し込みできます。そして、その期間が終わる前に合格・不合格が判断されます。

つまり、他の入学希望者が、入学申込をするときに、すでにその大学に合格している人もいるということです。

このため、期限内に学生数が揃いそうにないと、基準は甘くなるかもしれませんし、優秀な学生が先に申し込んで、募集数を満たしてしまうと、それから合格するのは難しくなります。

これは、通信課程でも同じなのですが、通信の場合は教室があるわけではないので、想定よりも大幅に人数が超えない限りは、受け入れなくなるということはないと思います。また、定員割れに近い状況の大学も多いと思いますので、その場合は、ぎりぎりにでも入学要件を満たしていれば、合格になる可能性が高いと考えられます。

実際に、私が最初に海外大学通信課程に入学したとき、出願先として数校に問合せをしたところ、ある大学から「出願しないか」と頻繁に電話やメールで連絡が来たこともあります。そうした大学では、基準さえ満たせば入学できる可能性が高いでしょう。ちなみに、その大学はＱＳの世界大学ランキングで１００位以内に入っている名門校です。

CHAPTER 3

海外大学入学のための英語

(1)TOEICでは通用しない…

ここまで読んで、「これからでも海外大学に入れるなら、今からTOEICの勉強を頑張ろう」と思った方がいましたら、これから書くことを読んでいただく必要があります。

日本人が一番親しい英語の試験は、実用英語技能検定（英検）とTOEICだと思います。このうち、英検は海外の大学でも入学要件として認めているところもありますが、TOEICを認めるというのは、まずありません（ただ、一部、海外大学院の通信課程と提携してMBAプログラムを提供している日本のサービスなどでは、TOEICを認めているところもあるようです）。

ですから、**TOEICで900点を取っていたとしても、海外大学入学にはほとんど役に立たない**のです。

TOEICは世界各地で実施されていますが、受験者の多くは日本人と韓国人であり、まだまだ世界で知名度のある試験とは言えません。そして、幅広いテーマが扱われる英検と比べても、TOEICはビジネス英語だけを対象としているので、大学で使う英語の実力を測ることができないのです。

冒頭では、わかりやすいように、私の当時の英語力をTOEICで説明しましたので、誤解を招いたかもしれませんが、実際には、大学入学だけを考えるのであれば、TOEICを受けるのは時間の無駄になりかねません。

(2)IELTS、TOEFLとは

では、何を勉強すれば良いのでしょうか。

それは、IELTSまたはTOEFLです。これ以外の試験も認められることがありますが、日本で簡単に受けられ、対策本もそろえやすいのは、この2つの試験になります。どちらの試験を受ければ良いかというと、それは、あなたがどこの大学に入学を考えているかによります。

一般的に、ＩＥＬＴＳはイギリスの試験ということもあってイギリス、オーストラリア、ニュージーランドなどの英連邦、ＴＯＥＦＬはアメリカの試験なので、アメリカで使用されることが多いです。

ただ、現在では、米英関係なく多くの大学が両方の試験を認めていますので、ＩＥＬＴＳを受け付けていないスタンフォード大学など、大学側の指定がない限りは、どちらを勉強しても良いでしょう。

なお、ＩＥＬＴＳにはアカデミックとジェネラルの2種類の試験がありますが、ジェネラルは海外移住などの際に使うものですので、アカデミックを受けてください。

また、ＴＯＥＦＬにはｉＢＴとｉＴＰがありますが、ｉＴＰは学校や会社などが団体で実施するものです。ｉＴＰを受け付けていない大学もあるので、ｉＢＴを受けておけば問題ありません。

出題の仕方も異なりますし、ＴＯＥＦＬはコンピュータを使用した試験で、タイピング能力なども必要なので、自分に合った試験を選んで、勉強してください。

複数回受けられるので、まずはお試しで両方受けてみても良いでしょう。

必要とされるスコアは、大学によって異なるので、必ずその大学の入学要件を確認してください。ただ、入学要件も英語で見なければならず、理解しにくいと思いますので、参考までに目安となるレベルを書いておきます。

ＩＥＬＴＳは４技能それぞれに０・５点刻みで最高９・０の点数を付け、それを平均したものが総合得点となる試験、ＴＯＥＦＬは４技能それぞれで最高３０点として点数が付けられ、合計最大１２０点（３０×４）となる試験です。

海外大学通信課程に入学するための、最低基準はＩＥＬＴＳでは５・５、ＴＯＥＦＬでは６０点辺りだと思います。

例えば、イギリスのオープン大学の入学目安はＩＥＬＴＳ５・５です。私が学んだロンドン大学の学部では、ＩＥＬＴＳ６・０またはＴＯＥＦＬ８７点が必要とされます。

ここで注意が必要なのは、総合点で合格基準に達しても、入学要件を満たさない場合があるということです。例えば、ロンドン大学では、ＩＥＬＴＳ６・０を基準としていますが、４技能のそれぞれの得点が５・５以上でなければなりません。

CEFR	英検	IELTS	TOEFL iBT	TOEIC L&R/S&W
C2		8.5-9.0		
C1	1級	7.0-8.0	95-120	1845-1990
B2	準1級	5.5-6.5	72-94	1560-1840
B1	2級	4.0-5.0	42-71	1150-1555
A2	準2級			625-1145
A1	3級			320-620

各種英語試験の対照表 (文部科学省資料を基に作成)。
※TOEIC は L&R と S&W (1000 点満点に換算) の合計点 (最高 1990 点)

日本人は一般的に、英語を話すことが苦手ですから、スピーキングの得点は低くなりがちです。スピーキングが5・0で、リーディングが7・0であれば、平均すれば6・0にはなりますが、これでは、各技能の最低得点（5・5）を満たさないのです。また、TOEFLでも同大学の場合は、リーディングとライティングが21点以上、スピーキングとリスニングが19点以上という指定があります。

通信課程の勉強は読み書きが中心となりますが、最低限のスピーキングもできなければ、入学が認められないのです。

英語の各試験は、方式も目的も違うものなので、一概に比べることはできませんが、例えば、図のように換算することができます。

ＩＥＬＴＳ5・5や6・0というのは、だいたい英検準1級レベルです。大学やプログラムによっては7・0以上、英検に換算すると1級以上の高い英語力を求められることもありますし、大学院では学部よりも高い英語力を求められることも多いですが、大学院であっても6・0で入学できるところもあります（現に、私はＩＥＬＴＳ6・0でリヴァプール大学大学院に入学しました）。

つまり、英検準1級レベルのＩＥＬＴＳやＴＯＥＦＬで、海外大学通信課程への道が開けてくるのです。

CHAPTER 4 海外大学入学レベルの英語力を最短で手に入れる

(1) 英検準1級は難しくない!?

ここからは、英語の勉強方法について、少しお話しします。

海外大学通信課程を紹介するという本筋から外れますので、すでにご自身で英語の勉強法を確立されている方は、飛ばして読んでください。

この本は、英語が苦手な方にも読んでいただきたいので、英語の勉強法について、少しページを割いて説明します。

先ほど書いたように、海外大学通信課程に必要な英語力のＩＥＬＴＳ6・0や5・5というのは、英検で言えば準1級レベルです。

英検準1級と聞くと、難しいレベルに感じるかもしれません。

確かに、英検準1級は簡単に取れるものではありません。ですが、大人になってから英語の勉強をはじめても十分に到達できるレベルです。

私の経験でも、本格的に英語の勉強を初めてから独学で3か月で取ることができました。

英検1級は海外赴任後に取得しているので私の事例はあまり参考になりませんが、私の職場の先輩は、私に続いて30代から勉強を始め、仕事終わりにカラオケで英語を勉強するという変わった方法も取り入れ、海外留学や赴任を経ずに、2年で英検準一級、さらにもう2年で英検1級まで取りました。

「語学学校に何年も通っているのに、英検準1級なんか取れないよ」と言う人がいるかもしれません。

それもそのはずです。なぜなら、大半の語学学校は、英検取得を目標としている学校ではないからです。語学学校で4技能を上げていったら、結果的に英検も取れるようになったという事例はたくさんあるでしょうが、それはとても遠回りな方法なのです。

(2)試験範囲だけ押さえた最短コースで行く

もちろん、本当に実践的な英語力を身に付けるためには語学学校も役に立ちます。

しかし、**英語ができなくても、英検準1級の問題が解ければ、英検準1級は取れる**のです。

つまり、英検準1級を取るには、英検準1級で出題される範囲だけ、できるようになっていれば良いので、出ない範囲の英語はできなくても良いのです。

「英語をずっと勉強していて、実力を測るために英検を受けてみたら、受かった」というのは理想的であるかもしれませんが、それには多くの時間と努力が必要です。

「TOEICは900点以上だけど、英語は全く話せない」という人がいます。これは、多くの場合、その人がTOEIC対策だけをしているのです。TOEIC L&Rで出題されないスピーキングはやる意味がないので、やっていないのです。

こういう人は、語学学校に通ったら、10段階のレベルうち、2かもしれません（実際に、私はTOEIC930点取得後に某英会話学校でレベル判定を受けて、10段階中2だったことがあります）。同じ語学学校でレベル7の人なら、この人よりも「英語ができる」と言えるかもしれません。でも、この学校でのレベルが7であっても、必ずしもTOEICで900点以上を取れるわけではないのです。

よく、名門高校の生徒や東大生がテレビでクイズの難問を解いていく姿を見ますよね。これを見ていると、「この人たちは、私とは頭の作りが違って、何でも知っているんだ」と思うかもしれません。

確かに、テレビでも活躍しているようなレベルの人は、その能力も、クイズに向ける努力も天才的であるのは間違いありません。

でも、クイズ大会などに出ている人は、クイズ研究会に所属しています。クイズ研究会には過去のクイズの問題の膨大なデータの蓄積があり、これをひたすら解いて、そのパターンや答えを暗記すれば、よくあるクイズ問題は答えられるのです。つまり、クイズ用の勉強をしているのです。

テレビ番組で、クイズに正解した高校生が、「なんで今の問題わかったの？」と聞かれて、「学校の国語便覧で見たので」というような答えをすることに対して、とあるクイズ作家が「しらじらしい」と言っていた覚えがあります。

つまり、本当は、クイズに向けた勉強をして臨んでいるのに、あたかも、偶然、学校で勉強をしていたから答えられるかのように振る舞っているということもあるのです。

クイズの問題は、入試問題と似たところも多いので、クイズ研究会の人は学力が高いことも多いですが、受験勉強ができることと、クイズができることとは別です。彼らより受験勉強ができる人でも、クイズ用の対策をしていなければ、クイズでは勝てないのです。

英語の場合も同じです。本当は英語が大してできなくっても、ＴＯＥＩＣや英検の対策だけしておけば、あたかも英語ができるように振る舞えるのです。TOEIC900点と履歴書に書いている人でも、本当に英語ができるのかはわからないのです。

こうした方法を、「ズルい」と思う人もいるかと思います。自分は一生懸命、英語を勉強しているのに、テクニックだけで自分より良い点を取っていると。

確かに、こうした手法は邪道であるかもしれません。ですが、実際に、このような勉強によって結果を出している人もいるのです。

そして、世の中は、目に見える結果があった方が評価しやすいので、「3年間、語学学校に通っています」よりも、TOEIC向けに勉強して、英会話はできなくても、「TOEIC900点です」と言った方が評価される場合もあるのです（ただし、TOEIC L&Rが会話能力と関係ないことを知っている人も多いので、必ずしも、みんなが評価してくれるわけではありません）。

全体的な英語力を上げて、結果的に英検も受かる、TOEICで高得点も取れる、という勉強法を否定するわけではありません。

しかし、その勉強法をしても、「ズルい」勉強法をする人たちと戦っていかなければならないのです。試験対策をしている人に、試験対策をせずに勝つというのは、大変なことです。

(3)過去問と問題集の、本当の回し方

この本を読んでいただいている方の多くは、働いているなど、自由に勉強時間を取れない人だと思いますので、英語力全体を伸ばすよりも、このような試験向けの勉強をすることをおすすめします。

具体的には、英検であれば、英検の過去問と問題集を買ってきて、ひたすらそれを何周も解いて、ほぼ全部の問題を解けるようにすれば良いだけです。

もちろん、解けるようにと言っても、「この解答は3だ」と暗記するのではなく、「これは、こういう理由で、他の選択肢はないから、3だ」と説明できる必要があります。

英検の特徴は、出題される単語数が異様に多いことです。

特に1級は、ネイティブでも日常で使わない単語がたくさん出てきます。これを解ける

ようにするには、やはり、英検用の過去問や問題集、単語帳を使うことが一番手っ取り早いのです。

今は、わかりやすく説明するために、英検やＴＯＥＩＣで話をしていましたが、ＩＥＬＴＳやＴＯＥＦＬでも同じです。

ＩＥＬＴＳやＴＯＥＦＬで良い点を取るための勉強をしなければ、何年間、語学学校に通おうと、ＴＯＥＩＣで何点取ろうと、目標に遠回りをしているだけなのです。これらの勉強が無意味とは言いませんが、効率が悪いのです。

では、「さあ、海外大学に入るために、今から英語の勉強をはじめよう」というとき、どうすれば良いのでしょうか。

現在のあなたの英語力が中学卒業レベルよりも低ければ、まずは中学レベルの英語教材で網羅的に学ぶのも効果的でしょうから、入門レベルの英語文法書や単語帳を一通りできるようにしてください。

もし、あなたが中学卒業レベルの英語力を持っているとすれば、文法書から読み始める必要はありません。

世の中には、英語の分厚い文法書がたくさん売られています。これを全部理解しないと、英語はできないんじゃないかと思って、一から読みはじめる人もいるのではないでしょうか。

分厚い文法書の内容を理解することも大切ですが、分厚い文法書を最初から最後までやり遂げるということは、とても大変な作業なのです。

「日本史の勉強で教科書をいつも読み始めるけど、途中で挫折して、縄文時代だけ詳しくなる」なんてこともありますよね。英語の文法書は、物にもよりますが、日本史の教科書よりもつまらないことも多いので、これでは、最初だけ読んで挫折してしまいます。

こうなっては、いつまで経っても英語はできるようになりません。

試験で高得点を取ることが目的なのですから、まずは、英語を網羅的にできるようにしなければならないという考えは捨ててください。

まずは、ＩＥＬＴＳやＴＯＥＦＬ向けの問題集や過去問を買ってきて、解いてみます。

問題集から始めると言っても、最初は、問題文ですら何を言っているかわからないでしょう。問題も、一問も自力では解けないかもしれません。

そこで必要なのが、文法書や辞書です。わからない単語があれば、辞書で調べます。同様に、わからない文法があれば、文法書で調べるのです。そのために、大半の文法書には索引が付いています。

最初は、文法の何がわからないのかも、わからない状態だと思いますので、できるだけ、解説の丁寧な問題集を使った方が良いでしょう。「この解答は、形容詞ではなく、名詞になります」と書いてあったら、名詞や形容詞について、文法書で確認するということです。

よく、ドラマなどで、弁護士が法律の条文を暗唱していますよね。でも、実際には、六法全書を全て丸暗記している弁護士はいないはずです。六法全書のうち、よく争点になる要点を覚えているのです。

文法書の場合も、全てを網羅していないと文法書として欠陥品になってしまうので、全部書いてありますが、それぞれの重要度は異なるのです。文法書を辞書的に使うことで、文法のどの部分がよく問題に出て、本当に重要なのかがわかってきます。

そして、これが一番重要なことですが、**次にその問題を解いたときに、その解答を説明できるようにする**必要があります。つまり、1回目は全問間違えても、2回目以降に、全問解けるようになっていれば良いのです。そのため、同じ問題集を何周もする必要があります。

「何周も」というのは、1回最初から最後まで読み終わってから、もう一度1ページ目から読む、という意味ではありません。今日やった問題を、明日解きなおしてみるということです。自分のペースで良いので、翌日でも、次の週でも良いのですが、必ず何回も解きなおしてください。

なお、解きなおすペースは、科学的には、エビングハウスの忘却曲線を考慮して復習すべき、という話などもあるのですが、働きながら毎日勉強できるわけでもないので、こだわりすぎる必要はありません。自身の生活スタイルに合わせて、復習の時間を確保してください。

同じレベルの問題集を何冊も解くよりも、1冊の問題集を何周もして、次のレベルに行く方が効果的です。

(4)テスト専用の単語帳を使う

また、単語についても、辞書の代わりに単語帳を使うという手があります。

例えば、IELTSの対策であれば、IELTSの単語帳を辞書代わりに使ってみます。

当然、単語帳は辞書よりも収録の単語数がはるかに少ないですから、調べても載っていない単語が多くあります。そういう単語は、IELTSで出題されることが少ないので、覚える優先度も低いということがわかるのです。


ただし、各単語帳にはレベル設定があって、「この単語帳を使う前に、当然、この単語は覚えているよね」と、レベルが低いから載せていない単語もあるので、その点は注意が必要です。

海外大学入学に使う教材は、IELTSやTOEFLの問題集がベストではありますが、これらの試験向けの教材は、ＴＯＥＩＣなどと比べて、ある程度のレベルの人向けに作られていることも多く、解説が不親切なことも多いです。

また、公式の問題集では、ほとんど解説もなく、解説が英語で書いてあったりもします。

良い教材が見つからない場合は、その試験に特化していない教材、例えば、大学受験向けの英文法の問題集などから自分に合ったものを探してみて、それを習得してから、ＩＥＬＴＳ、ＴＯＥＦＬ向けの問題集に進んでください。


書店の英語コーナーで色々な教材を見比べて、使いやすいものを選んで、自分なりの戦略を立ててみてください。

(5)スピーキングもライティングも怖くない

これらの試験には、スピーキングの能力も求められます。

これはオンライン英会話で対策するのが効果的と考えます。海外大学通信課程のメリットにも通じるところですが、オンラインの魅力は何と言っても、通学のような場所や時間の制約がないことです。

仕事終わりに語学学校に行くために遠回りをする必要もないですし、休日にわざわざ着替えて出かける必要もありません。また、直前に予約が取れるサービスも多いので、自分の都合に合わせて学ぶことができます。毎週水曜日は教室に行くために、仕事は早く切り上げて、飲み会も断る、なんて必要もないのです。

そして、オンライン英会話は費用面で大変魅力があります。毎日の定額コースなら、一回当たりの料金が、通学のマンツーマンレッスンの十分の一以下になることもあります。こうした格安サービスは、基本的にノンネイティブの先生なので、質に不安があるかもしれません。

ですが、IELTSのスピーキングで6・0までいかない段階では、よほど先生のレベルに問題がない限りは、ネイティブだろうと、ノンネイティブだろうと、学ぶことは大して変わらないと思います。

相手と流暢でナチュラルな会話をするというよりは、自分の中で英文を構成して話せるようになる段階なので、1回、ネイティブと話すよりも、10回、ノンネイティブと話した方が効果的なのです。

そして、ここでも、IELTSやTOEFL対策として、これらの試験で出題されやすいテーマを選んで、先生と話すことで、海外大学入学に向けた勉強をすることができます。

ライティングも最初のうちはなかなか得点が取れないと思いますが、それは、ライティングに必要な論理構成を知らないためでもあります。

たとえ英語がネイティブ並みにできたとしても、試験で求められる論理的な説明ができなければ、高得点は取れません。

構成というのは、例えば、序論を述べて、本論を2～3段で構成し、結論を書く、といったものです。こうした構成や、適切な言い回し等は、試験の模範解答を読み解き、重要な部分を暗記するなどして身に付ける必要があります。

自分の手で似た文が書けるようになれば、得点も取れてくると思います。

しっかりと対策をすれば、ＩＥＬＴＳ6・0などは決して難しいものではありません。

ただし、ＩＥＬＴＳやＴＯＥＦＬの勉強はあくまで、大学入学の前段階です。実際に、大学で勉強を続けていくには、さらに英語力が求められますので、基準となる点数の取得後も、特に通信課程で必要となるリーディングやライティングは勉強を続けてください。

さて、少し長く説明してしまいましたが、次から、本書のテーマである海外大学通信課程の話に戻りましょう。

CHAPTER 5
通信課程は格安で学べる？

海外大学入学レベルの英語力を身に付けたとして、あと心配なのは、お金と時間のことでしょう。まず、懸念事項の一つ目、学費について説明します。

通常、海外大学への留学には莫大な費用がかかります。

例えば、「世界大学ランキング」を作成しているタイムズ・ハイアー・エデュケーション（THE）の記事によれば、アメリカの大学の1年間の学費は、5千ドルから5万ドルとされています。

一般的に、州立大学よりも私立大学の方が学費は高額です。また、米国の大学では、州内の学生と州外の学生で学費が異なることが多いです。

4年生の州立大学では、州内で年間平均10，230ドル、州外で26，290ドルの学費がかかり、私立大学では年間平均35，830ドルの学費がかかるとされています。

また、これに加えて教材費、住居の家賃、光熱水費、通信費、食費、学生ビザ代など、様々なコストがかかるのです。

教材費などの学用品は、一年間で平均1，170ドル。

住居代は、米国では田舎でも年間6千ドル、都市部では、4万2千ドル程度かかるとされています。

なお、キャンパス内にある大学寮では、1部屋に2～3人で住み、バスルーム、トイレ、シャワー等を共有するので、アパートを借りるよりも安価です。

この場合は、住居代と光熱水費を含めて年間で5，304ドルから8，161ドルかかるとされます。

つまり、安い寮に住み、食費などをどれだけ抑えたとしても、学費の安い州立大学でも、年間400万円以上、私立大学なら500万円以上はかかるものでしょう。

学部課程に4年間通えば、諸々の費用で2千万円程度はかかるのです。学生ビザではアルバイトもできませんから、この間、収入はありません。そして、名門私立大学では、学費が年間5万ドル以上かかることも多いので、もっと高額になります。

実際に、アメリカ人の学生でも、卒業時に巨額の奨学金を抱えていることが多いのです。THEの同記事によれば、アメリカの大学卒業生は、奨学金によって平均で132,860ドル（約1,400万円）の負債を抱えているといいます。

日本で働いているアメリカ人と話したときに、「日本に来たいアメリカ人はたくさんいるけど、日本の給料は安すぎて、奨学金を返せないから、なかなか日本には来られない」と言っていたことを覚えています。

大学院の場合は、1年~2年の在学になるので、4年間の学部よりは費用は安くなります。しかし、仕事を辞めて、収入のない中、1年で500万円、2年で1,000万円を払って大学院に通える人はなかなかいないのではないでしょうか。また、MBAのトップスクールに通うには、より高額な学費が求められます。

同じくＴＨＥによれば、イギリスの場合、学部で年間1万ポンドから2万6千ポンドがかかります。アメリカでは年間５００万円以上かかることもある学費が、高くても３００万円台に収まります。

さらに、スコットランド以外の、イングランドやウェールズ、北アイルランドでは通常、学部課程が3年ですから、アメリカよりも安く卒業できるのは確かです（ただし、日本からの留学生はほとんどが、学部入学前にファウンデーションコースに通うので、実質的に留学期間は4年間になります）。

また、イギリスの場合は、上限時間はあるものの、学生ビザでアルバイトをすることも可能です。

しかし、同記事によれば、イギリスの場合も、卒業生は授業料のローンで平均2万7千ポンド（約３８０万円）の負債を抱えているとのことですので、いずれにせよ、高額の負担を覚悟しなければ留学はできません。

カナダやオーストラリアでも、同様に高額の学費や生活費がかかります。

ＭＢＡなどの海外大学留学は、キャリアアップの機会ではありますが、卒業できる保証も、卒業後の就職先の保証もなく、このような高額の負担をすることは、リスクの高いものと言えます。

さて、これまで、海外大学への通学費用が高額なことを説明してきました。通信課程では、海外に引っ越す必要がなく、ビザもいらないので、これまでどおりの日本での生活費に、追加で学費がかかるだけです。これだけでも、通学よりも大幅にコストを抑えられます。

そして、気になる学費ですが、これも大幅に安くなります。

私の事例で言えば、ロンドン大学でグラデュエート・ディプロマを取得するのにかけた費用は、手数料等を含めても５０万円程度でした。また、その前に通っていたリヴァプール大学大学院の学費は2年間分で２００万円以上でした。

まず、ロンドン大学の学費について説明しましょう。ロンドン大学とは何かという説明は後でしますので、内容を正確に理解するためには、そこも併せて読んでください。

ロンドン大学の学部課程は、通常3年間で修了します。しかし、すでに日本の大学を卒業していると編入学で2年で卒業、グラデュエート・ディプロマならば1年で取得することができます。

私が通ったLSEの監修プログラム（EMFSS）は、最近大幅にオンライン授業を拡充し、学費も大幅に高くなりました。イギリス国外の学生が大学に3年間通って卒業するまでの学費が、20,500ポンド（約290万円）です。

ですが、このプログラムを監修しているLSEに現地で通学しようとする場合、EU外の学生では、初年度の学費だけで21,750ポンド（約300万円）がかかります。これが3年分に、住居代などの生活費を含めれば、卒業までの費用は軽く1千万円は超えます。

だいぶ学費が上がったとは言え、まだまだ通学の3分の1以下の費用で学位を取得できます。ただし、ロンドン大学通信課程の場合は、通信の場合では通学と異なり、LSEではなくロンドン大学の学位を取得します。LSEの学位が欲しい場合には通信では取れないため、安易に比較することができません。この仕組みはややこしいので後で説明します。

例えば、法学（ＬＬＢ）の学部では、通常の入学から学士号取得まで５，１０８ポンド、学士入学の場合は３，９１２ポンドの学費ですし、哲学の学士課程は６，１４６ポンド、英語学の学士課程は７，９８１ポンドなど、１万ポンド以下のコースもあります。

これらに加えて、テストの手数料や教材費などで年間１０万円程度かかりますが、それを含めても１５０万円以内で卒業できるコースがあるということです。

日本の放送大学や慶應義塾大学通信課程などと比べると、まだ少し高いかもしれませんが、日本でも、通学では国立大学で約２４０万円、私立大学文系で約４００万円かかることを考えると、日本の国立大学に通学するよりも、ロンドンの通信課程に進学する方が格安になります。

今は、ロンドン大学の事例を説明しましたが、海外大学通信課程の費用は大学によって大きく異なります。一般的に考えて、人件費がかからないプログラムの方が安くなると考えられます。

試験の採点などが中心のコースと比べて、教授が毎週、提出物を確認して評価してくれるようなコースの方が、学費は高くなると考えられます。

私が通っていたロンドン大学のコースでは、主に試験の採点で大学側の負担がありましたが、その前に通ったリヴァプール大学大学院では、学期中は週に数回の課題があり、それを先生がチェックして毎週の評価を付けていたため、学費が2年間で200万円以上かかったのだと思います。

あと、学費に影響するものとして、プログラムの規模も考えられるでしょう。学生が多いプログラムの方が、スケールメリットが働いて、学費が安くなるので、通信課程が充実した大学を探した方が良いかもしれません。学生が多ければ、サポート等の面でも信頼がおけます。

ロンドン大学も、リヴァプール大学もイギリスの大学ですので、アメリカの大学についても事例をあげておきましょう。

アメリカの場合も、一般的に、通信の方が学費は大幅に安くなります。後でまた紹介する、ＭＯＯＣを利用した修士プログラムの中に、ジョージア工科大学の修士課程があります。これは、９，９００ドル（約１００万円）で修了できるプログラムです。通学課程で同様の課程を修了しようとすると、州外学生では約４万９千ドルかかるプログラムです。

つまり、同じ学位を約８０％オフで取れるのです。なお、これは学費のみであり、実際には手数料など、その他の費用がかかるので、修士号を取得するまでには、１万ドル以上かかります。

それでも、このジョージア工科大学の修士課程は格安です。日本国内でも、修士号を取得するためには、通学の場合は、国立で約１４０万円、私立ではより高額になるのです。

さらに、ジョージア工科大学は、ＴＨＥ「世界大学ランキング」（２０２１年）で世界３８位の超名門校です（３６位の東大とほぼ同等です）。また、ＱＳの科目別ランキングでは、工学分野でハーバード大学に次ぐ世界１３位になっています。

このような**世界の超名門大学の学位を、通信で、格安に取得することができる**のです。

そのほかの名門大学であっても、通学の半額以下で同じ学位を取れるコースも多くなっています。

なお、ここで書いた学費は、執筆時のものですので、今後、値上がりが想定されます。ロンドン大学でも、1年で最大5％、学費が上がることがあると明記されています。

また、大学がホームページ上で示している学費以外のところで費用がかかることもあるので、入学を考える際には、必ず、卒業までに必要な総額を大学側に確認してください。

数字はこのまま鵜呑みにできないところもありますが、通学と比べて通信が格安だということだけ、ご理解いただければと思います。

CHAPTER 6 通信課程では働きながら学べる？

さて、もう一つの懸念事項が、「時間」でした。

いくら格安で、良い学位が取れるとしても、勉強する時間がなければ修了することはできませんよね。

時間についても、プログラムによって、だいぶ異なります。

通信課程のプログラムには、働いている人向けに作られているものも多いので、働いていても修了は可能です。

ただ、あなたの生活スタイルに合わせたプログラムを選ばないと、せっかく入学しても、中退することになりかねません。特に、英語のノンネイティブである以上、最初から他の学生よりもハンデを負っているのです。ネイティブが仕事と両立できるようなプログラムに設計されていても、日本人には少し難易度が高くなってくるのです。

そのため、自分の仕事と生活の中で、何時間の勉強時間を取れるのか、急な出張などどうしても勉強ができない期間ができないか、などを確認する必要があります。

私の経験で少しお話ししましょう。

私が最初に通った海外大学は、リヴァプール大学大学院です。

リヴァプール大学はTHE「世界大学ランキング」163位で、英国の研究型の名門大学が所属しているラッセル・グループの一員です。

当時の私の英語力は、IELTS総合6・0（リスニング5・0、リーディング7・5、ライティング5・5、スピーキング5・5）なので、ぎりぎり入れたという感じです（各技能最低5・5を求めるロンドン大学であれば、基準未満です）。

社会人として本格的に英語を勉強しはじめてから、まだ2年経っていない時期でした。

リヴァプール大学大学院の通信課程では、学期中はほぼ毎週課題があります。基本的には、週の最初に課題となる論文が提示され、それを読んで、期限までに意見を掲示板に書きます。その後、次の期限までに、他の学生の意見に対するコメントを書きます。

これが基本的な流れですが、学期中に2回ほど、レポートを提出しなければなりません。一回は1500語、もう一回は5千語です。また、卒業のためにはさらに語数の多い、論文を提出しなければなりません。

この「語（word）」というのは、英語1単語のことです。

つまり、「I have a pen」ならば4語です。「私はペンを持っています」という日本語では、11字ですが、英語では4語にしかなりません。英語で5千語というのは、日本語ではおよそ1万字のようなもので、それをノンネイティブが書くというのは、大きな負担です。

この大学院の在学中には、レポート以外でも、非常に苦労が多かったことを覚えています。

通い始めた当時、私は結婚したばかりでした。期限が厳格なので、新婚旅行で欧州を周っているときにも、論文を読んでコメントを書かなければならず、仕方なく、妻が寝た後にパソコンを開いて課題をやっていました。

また、その後も、連日遅くまでの残業が続く中で、平日中に課題を進めなければならず、深夜に課題をやっていました。

その後の異動先で、出張が多くなり、出張中はどうしても課題を進めることができなかったので、結局、大学院を中退してしまいました。

リヴァプール大学大学院のプログラムが社会人向けでなかったわけではありません。もし、私が毎日残業も少なく、出張もなく、今の語学力があれば、修了できたことでしょう。ただ、当時の私の仕事や生活、英語の実力がコースと合わなかったのです。それに対し、ペーパーテスト一発勝負のロンドン大学は、試験が繁忙期と重ならなければ修了できるので、私に合っていたと思います。

このように、通信課程のプログラムには、向き不向きがあります。ですから、自分に向いたコースを選ぶ必要があるのです。

負担の少ないものもあるので、あなたに、週に数時間勉強をする時間があるなら、何らかの形で通信課程に通うことはできるはずです。

自分に合った通信課程のプログラムを見つけられるよう、各プログラムの特徴や選び方を、後で「大学通信課程の選び方」のページで紹介していきます。

ただ、ここでは、プログラムによって異なり、自分の仕事・生活のスタイルに合ったプログラムも探せるということだけ覚えておいてください。

CHAPTER 7 海外大学通信課程に向いている人とは

ここまで、海外大学通信課程の特徴を説明してきました。

海外大学通信課程は、入学も通常より難しくなく、費用も格安で、時間もフレキシブルです。卒業式や現地の授業を取る場合でないと、海外には行かないので、海外のキャンパスライフを夢見ている人にとっては物足りないかもしれませんが、通信課程が向いている人もいます。

海外大学通信課程に向いている人は、例えば、次のような人です。

・仕事があって、働きながら海外大学に通いたい人

社会人になってから、海外大学に通おうと思っても、仕事を辞めて海外に行くというのはリスクが高いものです。収入がなくなるので、学費を払うのも大変です。通信課程であれば、仕事終わりや休日に学べるので、負担も少なくすみます。

マネジメントや公共政策、プログラミングなど、実務に役立つコースもあるので、働きながらスキルアップをすることができます。

・専業主婦／主夫で、家庭のことと勉強を両立したい人

・介護や育児で日本を離れられないが、海外で勉強したい人

結婚し、配偶者と生活していて、自由に海外に行けない人。介護や育児で、両親や子供を置いて海外に行けない人。こうした方が、海外大学で学ぶには通信課程が適切でしょう。

通信課程では、日本を一歩も出ることなく、海外大学を卒業することができます。

・高齢、障害、病気のため、キャンパスに通学することが難しい人

通信課程では、日本を出る必要がないだけでなく、その課程のほとんどは自宅で進められます。

ロンドン大学のように、紙のペーパー試験を受けなければならない場合は、日本国内で試験を代行してくれる会場に行く必要がありますが、それも各授業の最後の試験のときだけです。

また、家から一歩も出る必要がない、完全にオンラインのプログラムも多くあります。高齢、障害、病気などで自宅や施設、病院等を出られなくても学ぶことができるのです。

ただし、入学時に提出を求められることが多い英語能力の証明（ＩＥＬＴＳやＴＯＥＦＬなど）には、現在のところオンライン受験はほとんどなく、会場で受験しなければならないことだけ注意が必要です。

近年、高齢者の方などの学び直しとして、「リカレント教育」というものが注目されていますが、格安の学費で通える海外大学通信課程は、こうした学び直しの機会としても、とても魅力的です。

また、後ほど紹介するオープン大学では、障害があっても学びやすい環境を整備し、多数の障害者が入学しています。

・日本であまり勉強できない分野を学びたい人

後で紹介するＭＯＯＣなどでは、コンピュータ科学やデータ分析など情報科学系の学位コースが多く提供されています。こうしたＩＴ分野は日本よりもアメリカの方が進んでいますから、アメリカの名門大学で学ぶことで、スキルアップにつながるでしょう。

また、ＭＢＡコースには、日本国内でも評判の高い大学もありますが、「トリプルクラウン」と呼ばれる3つの国際認証を受けた大学はありません。海外大学では、通信課程でも「トリプルクラウン」のコースがありますので、この点だけで見れば、通信課程の方が国際的に評価の高いMBAコースに通えることになります。

このように、海外大学で進んだ研究を行っている分野や、日本であまり勉強できない分野などを学ぶ場合にも、通信課程は適しています。

・金銭的余裕はないが、海外名門大学に通いたい人

海外大学通信課程の魅力の一つは、その学費の安さです。英語力や学力が高く、本当は海外名門大学に通う実力を持っていても、お金がないから通えない。こういう方が海外名門大学で学ぶには、通信課程が適しています。

通信課程でも、名門大学では高い学費を求められることがありますが、通学と比べれば格安ですし、日本で学費を稼ぎながら通うことができます。

・ある程度、英語を勉強してきて、今度は英語「で」勉強をしたい人

英語はツールですから、英語を習得することが最終目的ではなく、英語でビジネスをする、英語で外国人とコミュニケーションを取る、英語で海外文学を読むなどの目的のため

に勉強している人がほとんどでしょう。

英語をある程度身に付けたら、今度は英語で何かを勉強してみるのも良いのではないでしょうか。実際に、海外大学で学んでみると、学術的な言い回しや、専門用語など、これまでの英語学習で学んでこなかった、アカデミックな英語を学ぶことができます。

海外大学通信課程では手軽に学べるので、こうした方にもおすすめです。

CHAPTER 8

挫折したらどうする？

ここまで、海外大学通信課程のメリットをお話ししてきましたが、「そんな良いことばかりじゃないんじゃない？」「難しくて途中で挫折したらどうするんだ！」と思っている人もいるでしょう。

確かに仕事が急に忙しくなったり、講義が難しくて理解できなかったり、そもそも英語力が及ばなかったり、挫折というものはどうしてもあるものです。思っていたのとは違って、あまり勉強にならないから中退するということもあるでしょう。

しかし、考えてみてください。これが、通学の留学だったらどうでしょうか。

海外大学に行くといって、仕事もやめて海外に来てみたものの、難しくてついていけない。でも、学費だけで数百万円、住居代や航空券代など、多額の費用をかけてしまった。MBAを取ったら日本でキャリアアップできると思って来てみたけど、今帰っても、日本で働き先のあてがあるわけではない。帰るにも、さらに引越し代や航空券代などがかかる…。家族や友達に「海外大学を卒業する」と言って出ていったのに、挫折して日本に帰るなんて…。

これでは、失うものが大きすぎるのではないでしょうか。

一方、通信であれば、退学したところで、あなたは入学前と同じ生活に戻るだけです。貯金は数十万円失ったかもしれませんが、その分、英語の勉強にもなったので、少し高い語学学校に通ったぐらいの感覚です。

なお、挫折した場合でも、学期ごとの支払いにしておけば、学費はそれ以上請求されることもないですし、先に全額払っていても、まだ通っていない学期分の学費は返してくれることが多いでしょう。

また、イギリスの大学・大学院などでは、中退したとしても、一定の単位を取得していれば、相応のディプロマやサーティフィケートといった資格がもらえることもありますので、そこで学習をしてきたという証明になります。

日本ではあまりなじみのない資格ですが、特に修士レベルでは最初からサーティフィケートやディプロマを取ることを目標に入学する人も多いので、履歴にも書けるような立派な経歴になります。

さて、いよいよ次からは、どのような大学に通えるか、どのような通い方があるかということを、具体的にお話していきます。

PART 2
海外大学の多様な通信課程

CHAPTER 1

ハーバードやスタンフォードの授業を受けてみる！ MOOCの無料授業

海外大学の通信課程で学ぶこととは、どういうことでしょうか。

実は、無料で体験できるのです。

2012年ごろから、大学の授業を無料で公開するサービスが拡大してきました。「大規模公開オンライン講義（Massive Open Online Courses）」の頭文字を取って、「ムーク（MOOC）」や「ムークス（MOOCs）」と呼ばれています。

MOOCには複数のサービスがありますが、特にハーバード大学とマサチューセッツ工科大学が提供する「エデックス（edX）」と、スタンフォード大学が提供する「コーセラ（Coursera）」が有名です。インターネットで、これらの名前を入れてみれば、すぐにそのページにアクセスすることができます。

これらのサービスでは、超名門大学の授業が無料で提供されていて、アカウント登録さえすれば、誰でも受けることができます。授業はスマートフォンのアプリ上でも受けられるので、会社への通勤中に電車内でハーバード大学の授業を受ける、なんてこともできます。

MOOCは、後で紹介する一部のコースを除けば、学位が取れるコースではありません。ただ、お金を払って修了することで、その授業の修了証をもらうことはできます。ハーバード大学やスタンフォード大学の名前入りの修了証がもらえるので、それをモチベーションに勉強することもできるでしょう。

学習期間も講座によって異なります。短いものだと数時間で修了できてしまいます。スタンフォード大学の講座でも、コーセラの食と健康の講座（Stanford Introduction to Food and Health）であれば、修了目安は約7時間とされています。

そして、色々なテーマの授業がありますから、自分の興味のあるテーマを見つけることもできるでしょう。

例えば、コーセラでは、ロチェスター大学が「ビートルズの音楽（The Music of the Beatles）」という授業、カリフォルニア大学デービス校が「ワイン・テイスティング（Wine Tasting: Sensory Techniques for Wine Analysis）」という授業を提供、エデックスでは、ハーバード大学がオペラの授業を提供しています。

また、2010年頃に話題になった、ハーバード大学のマイケル・サンデル教授が教える「正義」の授業を受けることもできるのです（ただし、動画を見るだけなので、サンデル教授と議論をすることができるわけではありません）。

コーセラでは、ペンシルバニア大学やアリゾナ州立大学などがビジネス英語の授業も提供していますし、エデックスではクイーンズランド大学がIELTSの準備講座も提供していますから、単に英語の勉強としても活用することができます。

このように、MOOCでは無料で世界の名門大学の授業を手軽に受けることができます。

コーセラ、エデックス以外では、Udacity、イギリスのオープン大学などが提供する

FutureLearn、中国の清華大学などによるXuetangX、日本のＪＭＯＯＣなどがあるほか、大学が独自のプラットフォームを作ってオンライン無料講座を提供している場合もあります。

しかし、これらは、あくまで講座を受講しているだけですので、受講後に形に残るものは少ないです。

お金を払えば修了証をもらえますが、履歴書に書けるような学歴にはなりませんので、あくまで自己啓発や話のネタ程度にしかなりません。

授業の質はやはり一流なので、得るものは多いですが、なかなか長続きしないものです。あるデータでは、ＭＯＯＣで授業を受けた人のうち、修了することができたのは、わずか３％程度とされています。

これを修了できなければ海外大学への入学は無理というものではありませんので、あくまで、海外大学に通う際の参考として受けてみてください。

ＭＯＯＣの授業内容を全て理解するには、相当な英語力が必要です。専門的なコースの動画を一回で全部理解するというのは、英検１級レベルでもまず無理ですので、動画に字幕を付けたり、参考資料を見ながら、なんとなくで良いので理解していきましょう。

それでも内容を全く理解できないというのであれば、まだ海外大学に入学せずに、英語の勉強をもう少し続けた方が入学後に挫折せずにすみます。

CHAPTER 2 短期プログラムを利用してみる

ＭＯＯＣの無料講座よりも、もう一歩進んで勉強したい方は、大学が提供する短期プログラムに登録することもできます。

こちらも、通常は学位が得られるわけではなく、修了証がもらえるだけですが、ＭＯＯＣが録画された映像を見て、質問にウェブで回答したり、受講者用掲示板に投稿したりすることが中心なのに対し、数週間、大学教員の指導を受けて学べるものです。

そのため、ＭＯＯＣよりも勉強にもなるでしょうし、修了証もより価値のあるものになると思います。

短期プログラムを通じて、世界の名門大学で学ぶことができます。例えば、オックスフォード大学のサイード・ビジネススクールでは、6～8週間程度のオンラインコースを開講しており、世界147か国の人が学び、1万1千人がプログラムを修了しています。

ハーバード大学のビジネススクールでも、4～8週間のプログラムを提供しています。例えば、グローバルビジネスのプログラムでは、4週間のコースを1，600ドルで受けることができます。修了すると、ハーバード大学ビジネススクールのコース修了証を受け取ることができます。

そして、これまで、通学でしか短期プログラムを提供していなかった大学が、新型コロナウイルスの影響でオンラインコースを提供する流れもあります。

また、MOOCのプログラムの中でも、通常の講座受講とは異なる、ナノ学位（Nanodegrees）や、マイクロ修士（MicroMasters）のプログラムがあります。ナノ学位はUdacityが提供するもの、マイクロ修士はエデックスが提供するものです。ナノ学位は、プログラミングなど情報科学系の専門分野が中心となるため、本書では、マイクロ修士を中心に説明します。

これらの学位は、通常の学位と比べると、まだまだ世間に知られておらず、修業期間も短いことから通常の学位のようには扱われないと思われますが、このマイクロ学位を提供するのは、マサチューセッツ工科大学をはじめ、コロンビア大学、ペンシルバニア大学、ミシガン大学などの名門校です。

また、マイクロ修士の取得のために受講した授業は、一部の大学院では正規の修士課程に入学するときに単位として認められます。各マイクロ修士コースの単位移行先は、各ページに書いてありますので、参考にして計画を組んでください。

そして、なんといっても、このマイクロ修士は通常の学位と比べて格安で取れるのです。例えば、マサチューセッツ工科大学のサプライチェーンマネジメントのマイクロ修士は、1年5か月のコースで授業料が1524・6ドル（約16万円）、アリゾナ州立大学のグローバルビジネスリーダーシップマネジメントのマイクロ修士は、6か月のコースで897ドル（約9万円）です。

マイクロ修士の場合は、1週間に必要とされる勉強時間が6～8時間のものや、自分のペースで進められるものなど、手軽なものもあり、取得単位を他の修士課程に移行すれば、修士課程に進学する際にも無駄にならないので、お試しで通ってみる価値はあります。

ただ、ほかの短期プログラムでは、正式な学位の取得につながらないことも多いので、あまり費用対効果は高くないと考えます。

CHAPTER 3 あの超名門大学でも学べる！

通信教育でも、学位などを取れるプログラムは、選ぶのに悩むほど、たくさんあります。

先ほどから紹介しているMOOCでも、例えば、コーセラでは、インペリアル・カレッジ・ロンドン、イリノイ大学アーバナ・シャンペーン校、エデックスでは、ミシガン大学、テキサス大学オースティン校、ジョージア工科大学などが修士の通信プログラムを提供しています。

そして、今、例に挙げたこれらの大学は、全て、THE「世界大学ランキング」で50位以内にランクインしている超名門大学です。特に、インペリアル・カレッジ・ロンドンは世界11位になっています。

なお、日本の大学でTHEの50位以内にランクインしているのは、東京大学（36位）だけです。

「世界大学ランキング」の評価方法は米英の大学に有利になっているという話もあるので、一概に、このランキングだけで大学を評価することはできませんが、**東大以上の学歴を、通信教育で手に入れることができる**のです。

費用も、通学と比べると格安です。

コーセラの修士課程では、公式ウェブサイト上に、「通学で5万2千ドルの学費が、オンラインなら2万2千ドル」と書いてあるなど、同様の学位を約58％オフで取ることができます。

なお、相性が良いためか、MOOCで取得できる学位は、特に情報科学系のものが多くなっています。IT系のキャリアの方が専門分野での能力を高めるために、通学を検討してみる価値はあると思います。

ＭＯＯＣ上で提供されているコースは情報の入手が簡単ですが、大半の通信コースは、ＭＯＯＣではなく、それぞれの大学のホームページ上に情報が載っています。「○○ University distance learning」や「○○ University online degree」などとネット検索して、各大学の提供しているコースを探してみてください。

また、通信と通学を混ぜ合わせたプログラムもあります。通信で取った単位を正規の学位課程の単位に算入できるものや、ハーバード大学のように、基本的にはオンラインでありながらも、現地での単位取得を義務付けているものもあります。

こうした場合も、単位の多くをオンラインで取得できるので、通常の通学よりも短期間で卒業できます。

なお、ハーバード大学は日本でも広く知られていて、関心のある方も多いと思いますので、詳細を説明しておきます。

ハーバード大学が持つ12の学位授与学校の1つにエクステンション・スクールというものがあります。このスクールでは誰でも学習できる授業を提供しています。

このエクステンション・スクールでは、学士、修士等のコースも提供していますが、入学には、英語力に加え、学士課程では公開授業の3つ、修士課程では2つ、または3つで、B以上の評価を受ける必要があります。

実際にネイティブと一緒に授業を受けてみて、良い評価を取らなければならないので、入学の難易度はかなり高いと言えるでしょう。

また、必ず現地のキャンパスで講義を受けなければいけません。この点が、働いている人には、なかなか難しい点です。

例えば、学士課程では4科目は現地で受講する必要があります。ただ、在学生の67%はフルタイムで働いているなど、高い英語力や学力があれば、働きながら履修することができるプログラムになっています。

このような、通信と通学を合わせたコースは、両方をブレンドしたものとして、「ブレンデッド（Blended）」と呼ばれます。数か月間、仕事を休めるなど、現地に通える状況であれば、通信と通学、両方の体験をすることができるため、魅力的なプログラムと言えるでしょう。

また、エクステンション・スクールでは、3つ以上のコースをB以上の評価で修了した人に、サーティフィケートを付与しています。学部レベルコースのUndergraduate Certificateと、大学院レベルコースのGraduate Certificateがあります。ハーバード大学エクステンション・スクールから、3つ（または4つや5つ）の講座を修了したという証明書をもらうことができるのです。

サーティフィケートであれば、オンラインのコースだけで修了でき、現地のキャンパスに通う必要はありませんので、仕事や家庭などの事情で現地に行けない方は、こちらを目指してみるのも良いでしょう。学部レベルのものであれば、5,640ドル（約60万円）で取得することができます。

なお、完全に通信だけで卒業できる超名門大学としては、ケンブリッジ大学やスタンフォード大学もあります。

これらは、いずれも通信課程として最高レベルの難易度ですので、英語もままならない段階では、まだまだレベルが追い付かないでしょうが、英語の勉強の先にある目標として掲げてみても良いでしょう。

CHAPTER 4

通信で取るMBA

また、通信でMBAコースを提供する大学もたくさんあります。先ほどから紹介しているMOOCでも、コーセラでイリノイ大学がMBAのコースを提供しています（2年〜3年コース、完全にオンラインで卒業可）。

同大学の費用は21,744ドル（約230万円）。決して簡単に出せる金額ではありませんが、MBAのコースとしては格安です。

TOEFL103点（IELTS7・5）という、非常に高い英語力と、GPAが求められるため、簡単には入学できませんが、出願にGREやGMATの提出も必要ないため、英語ができて、大学時代の成績が良ければ負担が少なく入学できます。

同じく、ＭＯＯＣではエデックスでボストン大学のＭＢＡコース（2万4千ドル、2〜3年、完全オンライン）もあります。こちらは、英語力では、ＴＯＥＦＬ９０点やＩＥＬＴＳ６・５と、まだ低めになっています。

ＩＥＬＴＳ６・５レベルでも、ほかに、オープン大学（ただし、６４０点以上のＧＭＡＴスコアも求められる）やロンドン大学などの選択肢もあります。

そのほか、通信課程であっても、ＭＢＡに入学するには、語学力などのほかに、3年以上などの就労経験が必要となることが多いです。なお、「エグゼクティブＭＢＡ」などと言う名称の場合には、一般的に、他のＭＢＡコース以上に実務経験（特に管理職などの経験）が必要となります。

もし、語学の面で入学基準に届かないのであれば、学士レベルの似たコースに申し込むという手もあります。修士レベルであるＭＢＡとは異なりますが、学部でもビジネス系を教えているコースは多数あります。

例えば、ロンドン大学ではロイヤル・ホロウェイが「Business Administration（経営学）」、ＬＳＥが「Business and Management」という学士プログラムを提供しています。

これらの入学基準は、ロンドン大学学部レベルの英語力なので、ＩＥＬＴＳ６・０（Ｔ

OEFL87）です。

また、オープン大学の Business Management の学士コースであれば、入学の目安となるのはIELTS5・5です。

学費が高くて払えないという場合には、安いコースを探すことになります。150万円以下で取れるMBAもありますが、有名大学ではないので、コースの質はあまり高くないことが想定されます。

安くて、質の高い教育を受けたい場合には、より安価で提供されることもある Master in Management などの学位のコースを検討してみても良いでしょう。

例えば、最初に紹介したものと同じく、イリノイ大学が提供するプログラムでも、Master of Science in Management であれば、学費は10,872ドル（約110万円）。1年で修了することもできます。こちらも、完全にオンラインで卒業可能です。

MBAも Master in /of Management も、日本語にすると「経営学修士」ですが、この2つは異なるものです。一般的に言って、MBAは経営学の知識をビジネスで役立てるための専門職学位、Master in/of Management は経営学を学術的に学んでいくものです。

そのため、企業の役員や管理職の方（または、これらを目指す方）は、ＭＢＡを取った方が、実践的な勉強ができるでしょう。

ＭＢＡは需要の高い学位なので、様々な大学がプログラムを提供しています。中には、もっと入学条件の低い大学も見つかると思います。

しかし、通信課程でＭＢＡを取る上では、注意しなければならないこともあります。

第一に、「ＭＢＡ」という名のプログラムでも、国際認証の有無で評価が異なることです。

これは、通学の場合も同様なのですが、ＡＡＣＳＢ（Association to Advance Collegiate Schools of Business）、ＡＭＢＡ（Association of MBAs）、ＥＱＵＩＳ（European Quality Improvement System）といった機関の認証を受けたＭＢＡプログラムが、評価が高いとされています。

通信でもＡＡＣＳＢやＡＭＢＡなど４つの国際認証を受けているウォーリック大学のＭＢＡプログラムなどもありますが、ＭＢＡと言う学位を出しながらも、十分に国際認証を受けていないものもあります。

通信の魅力は授業料の安さや学びやすさですが、それらにばかり目を取られてしまっては、授業の質が低いプログラムに入学することにもなりかねません。

なお、先に挙げた3つの国際認証を受けたMBAプログラムを「トリプルクラウン」などと言ったりするようですが、現在のところ、日本では通学の大学院でもトリプルクラウンのMBAコースを提供している大学はありません。

一方で、イギリスの通信制大学、オープン大学のMBAはトリプルクラウンですから、この点だけで言えば、日本のどんな名門校のMBAよりもオープン大学通信課程のMBAの方が質が高いと言うこともできます。

第二に、MBAでは、勉強の過程で培った人脈こそが重要だという意見もあることです。世界中の経営者と同じ教室で学び、意見を交わすことで、グローバルな人脈が生まれます。通信課程でも、学生同士の交流の場はあるものですが、こうした人脈づくりを目的としてMBAに通いたい方には、顔の見えにくい通信課程は不向きと言えるでしょう。

フィナンシャル・タイムズ社やQS、US Newsでは、オンラインMBAのランキングを発表しています。

フィナンシャル・タイムズのランキングでは、各MBA修了者の3年後の給与も載っています。海外とは給与水準が異なるため、日本でそのまま参考にできるわけではありませ

順位	ビジネススクール	国	修了３年後の平均年収※	修了後３年での年収増加率
1位	ウォーリック大学ビジネススクール	イギリス	$204,799	40%
2位	IE ビジネススクール	スペイン	$163,788	36%
3位	マサチューセッツ州立大学アーマスト校	アメリカ	$168,046	46%
4位	ノース・カリフォルニア大学	アメリカ	$171,665	26%
5位	インディアナ大学	アメリカ	$148,934	30%
6位	フロリダ大学	アメリカ	$126,535	41%
7位	ダラム大学ビジネススクール	イギリス	$142,892	27%
8位	ノースイースタン大学	アメリカ	$137,104	30%
9位	ミラノ工科大学	イタリア	$144,316	40%
10位	ブラッドフォード大学	イギリス	$128,524	34%

※PPP（購買力平価）で米ドル換算した値

フィナンシャル・タイムズ社「オンライン MBA ランキング」(2020 年)

順位	ビジネススクール	国
1位	IE ビジネススクール	スイス
2位	インペリアルカレッジビジネススクール	イギリス
3位	ウォーリック大学ビジネススクール	イギリス
4位	ニューサウスウェールズ大学ビジネススクール	オーストラリア
5位	ミラノ工科大学	イタリア
6位	インディアナ大学	アメリカ
7位	マンチェスター大学	イギリス

QS「オンライン MBA ランキング」(2020 年)

んが、1位のウォーリック大学では、卒業後3年目で年収が2，100万円以上になっていますので、通信課程でも一定の評価を得られていることがわかります。

MBAのプログラムを選ぶ上では、こうした情報も参考にされると良いでしょう。

このほかにも、アメリカであれば、南カリフォルニア大学、シラキュース大学、マサチューセッツ大学、イギリスであれば、マンチェスター大学、バーミンガム大学など、様々な大学がオンラインでMBAプログラムを提供しています。

CHAPTER 5

無料で海外大学の学位は取れるのか？

最初に紹介したMOOCでは、無料で授業は受けられるものの、マイクロ修士や学士、修士など、学位や資格を取るにはそれなりの学費が必要でした。

それでは、完全に無料で学位を取れるプログラムはないのでしょうか。

結論から言うと、完全に無料という大学は現時点ではありません。しかし、無料をうたっている大学はあります。

アメリカのピープル大学は、「授業料無料」を掲げています。

ピープル大学は、2009年にイスラエルの企業家がアメリカのカリフォルニア州に設立したオンライン専門の私立大学です。貧困によって、大学教育を受けることができない人たちに、教育の機会を提供することを目的として設立された大学なので、授業料を無料としています。こうした社会的意義の高い大学ですので、グーグルやマイクロソフトが資金を提供をしています。

さらに、ニューヨーク大学やカリフォルニア大学バークレー校などと提携をしています。経営、コンピュータ科学、健康科学、教育の分野で、修士や学士、準学士のプログラムを提供していて、現在、世界200以上の国・地域から、難民3千人を含めた3万6千人以上が通っています。

このピープル大学、「授業料」は確かに無料なのですが、入学料や試験料がかかります。例えば、学士課程だと、卒業までに合計4,060ドル(約43万円)がかかります。

難民の方などは、奨学金を受けながら学びますが、日本人の場合は、通常は奨学金をもらわずに修学することになると思います。4千ドルというのは、決して簡単に出せるものではありませんが、アメリカの大学の学士号をこの金額で取れるというのは、他の通信プログラムと比較しても格安と言えるでしょう。

アメリカの大学では、学部の途中から編入することも可能です。ピープル大学で取った単位を他の大学の単位に変えれば、他の大学を格安で卒業することもできますし、現地に行く期間も短くなります。

例えば、ピープル大学と協定を結んでいるカリフォルニア大学バークレー校では、ピープル大学の準学士を優秀な成績で修了した人を、学士課程の中に受け入れています。このカリフォルニア大学バークレー校というのは、THE「世界大学ランキング」で7位の超名門校です。ピープル大学を活用することで、このような大学の学位を格安で、現地の滞在時間も短く、取得することができるのです。

また、ピープル大学はMBAのプログラムも提供しています。国際認証は受けていませんが、2,460ドル（約26万円）でMBAを取得できるのは、格安です。

ピープル大学は修士課程、学士課程ともに、IELTSやTOEFLだけでなく、英検準1級でも入ることができるというのも魅力です。Duolingoというオンラインの英語テストも入学基準として採用しているので、障害などの事情があって試験会場での受験ができない方でも入学することができます。

これらの英語の基準を満たさない場合は、ピープル大学の英語の授業を受けることで、代替することもできます。

この授業では基本的に、スピーキングやリスニングの能力は必要ありませんから、スピーキングだけ極端に苦手、という場合でも入学することができます。

また、数年前、インドのアミティ大学という大学が、同じく授業料無料を掲げていました。私は関心があったので、この大学のプログラムに登録してみたのですが、確かに、いくつか授業を受けてみても特にお金は請求されませんでした。

卒業までに3年かかるので途中で受講をやめてしまったのですが、実際には、試験を受ける際に5ドルの手数料を払わなければならないとか、現地でないと試験を受けられないので渡航費がかかるとかいう話もありました（5ドルだけならば、確かにほとんど無料と言っても良いかもしれませんが…）。

アミティ大学はこのプログラムをもう中止してしまい、ログインもできないので、今となっては正確な費用を聞きようがありませんが、このように、「無料」といっても、よくよく見てみると実際には手数料等が発生することもあります。

また、2015年に設立されたワールドクアント大学というアメリカの大学では金融工学の修士コースを無料で提供しています。入学には、IELTS6・5（TOEFL71、Duolingoでも可（95点））レベルの英語力に加え、数学や統計学の独自の試験を課しています。

こちらは、大学側のウェブページを見る限りでは、完全無料となっていますので、数学や統計学の知識があり、金融工学を学びたい方は試しに申し込んでみても良いのではないでしょうか。

ただ、この大学は州の認証だけで、国からの認証はまだ得られていないようです。

あとは、大学ではありませんが、完全無料のＭＢＡコースを提供している団体もあります。クアンティック・ビジネス＆テクノロジー学校（Quantic School of Business & Technology）というもので、以前はSmartlyという名称でサービスを提供していました。管理職など向けのエグゼクティブＭＢＡは有料なのですが、２０代から３０代前半ぐらいまでの就労経験のまだ浅い人向けのＭＢＡを無料で提供しています。

週に5～１5時間の勉強で１0か月のプログラムで、スマートフォンのアプリを使って勉強できるので、利便性も高いものです。

ＭＢＡを体験してみたい方は入学してみても良いかもしれませんが、同校は遠距離教育の認証を得ているだけで、ＭＢＡの国際認証は受けておらず、大学でもないため、取得しても、まだ転職活動などで役立たない可能性が高いです。

無料で提供されるコースは魅力的ではありますが、大学側から学生へのサポートが少なかったり、国から公式に認証を受けていなかったり、と、「安かろう悪かろう」を覚悟した方が良いでしょう。

オンラインで効率的に多数の学生を教えられるようになったとはいえ、コンテンツの作成費用や、採点の人件費等がかかるため、無料で学位をもらおうという考えがおこがましいものかもしれません。しかし、こうした無料化の流れは、今後さらに大学同士の競争が激しくなる中で、進んでいく可能性があります。これからもお得なプログラムが出てくることも予想できますので、注視していく価値はあると思います。

CHAPTER 6 通信で取る変わった学位

海外大学通信課程の魅力の一つは、日本ではあまり見かけない分野を学べることです。

例えば、エンブリー・リドル航空大学という、航空宇宙学で有名な大学では、通信でも航空宇宙学や、飛行機整備、無人航空などの学位プログラムを提供しています。

また、南カリフォルニア大学の修士（老年学）や、ロンドン大学SOASの修士（ムスリムマイノリティ）、ロイヤル・ホロウェイの修士（石油地質学）、ヘリオット・ワット大学の修士（醸造と蒸留）課程などもあります。

そのほか、探していくと、様々なコースが見つかります。

一方で、通信では、医学の解剖や、大規模な実験施設が必要な研究はできませんから、どうしても通信では学べない分野もあります。

オープン大学ではＰＣ上で科学実験を行えるようなシステムも導入していますが、やはり実際に実験器具をいじるのとは、異なる体験になるはずです。

このように、学びたい分野がオンラインに向いていない場合でも、例えば、医療関係であれば通信教育の盛んな公衆衛生学のコースに通うなど、通信で学びやすいものを選んでいくという方法も考えられます。

CHAPTER 7

海外の「放送大学」はお得か？

日本の通信制大学として知られている放送大学には、実はモデルになった大学があります。これまでにも何度か名前を出した、イギリスのオープン大学です。

1969年に設置されたイギリスのオープン大学の「オープン」とは、人々や、場所、学習方法、時間などにオープンであることを意味していて、あらゆる人たちがフレキシブルに学習できる大学であることをモットーとしています。

人々に広く開かれた大学のため、学部の入学にもIELTS5・5レベルの英語力と、授業を受けるためのインターネットへのアクセス環境だけになっています。しかも、入学時に、「提出書類は特になし」となっていることが多いので、**英語力は必ずしも証明書を提出しなければならないわけではなく、たいていは授業を進めていくための目安**です。

総合大学として、幅広いコースを用意していますから、きっと、あなたが学びたい分野の学位も提供していることと思います。

オープン大学は、これまでに約200万人が同大学を卒業、現在も約17万人が在学しているなど、巨大な通信制大学ですので、通信教育のノウハウが蓄積されています。理系の学部であっても、自宅のPCで実験を行えるなど、幅広い学習の機会を提供しています。学生の約74%は働きながら修学しており、社会人学生への理解も深いです。

最短3年で修了できるコースでも最長16年間在籍できるので、仕事や家庭の状況に合わせて就学しやすくなっています。

また、オープン大学には、オープン学位という学士号や修士号があります。

これは、特定の専門を持つ学位ではなく、自分の好きな講義を取っていって、学士号／修士号の必要単位に達すると学位がもらえるというものです。

最初は、化学を勉強しようとしていたけど、後から文学に興味がわいた、という場合でも、これまでに取った単位を無駄にせずに、学位を取得することができるため、入学時点では学びたいことがしっかりと決まっていない方におすすめです。

MBAのプログラムも提供しており、このプログラムだけで約100か国から約2万6千人の卒業生を輩出しています。

オープン大学のMBAは、世界のMBAプログラムで1％以下しか存在しないトリプル・クラウン（3つの国際認証を受けたもの）の一つであり、世界的に見てもかなりレベルの高いものです。

ただし、MBAプログラムでは、大学時代の成績が優秀で、3年以上のマネジメント経験があり、指定の2つの講座をすでに履修していること、IELTS6・5以上の英語力など、他のコースよりも入学要件が厳しくなっています。

オープン大学に欠点があるとすれば、学費が決して安くはないということです。例えば、ある学士コースでは、卒業に必要な360単位を取得するのに、18,576ポンド（約260万円）がかかります。修士課程では、9,990ポンド（約140万円）です。このほかに、ペーパーテストを受ける際の手数料などがかかってきます。

さらに、MBAの場合は、レベルの高いプログラムではありますが、イギリス国外の学生では20,295ポンドから21,290ポンド（約290〜300万円）の費用がかかるとされています。

ロンドン大学の多くのプログラムよりも、オープン大学の学費が高くなっているのは、それだけ、オープン大学の指導体制がしっかりしている（ペーパー試験だけではなく、教員が個々に指導を行っている）ためかもしれません。

日本の私立大学に通学して卒業するよりは安いのですが、この学費を払えるのであれば、ほかの大学通信課程の選択肢の幅が広がります。

オープン大学は、国立大学ですし、通信教育の豊富なノウハウを持った大学ではありますが、日本ではあまり知られていません。

日本でも知名度が高かったり、世界大学ランキングで目立っていたりする大学で学びたい方は、別の大学を考えた方が良いでしょう。

また、このオープン大学を模して日本の放送大学が生まれたように、イスラエル・オープン大学やスリランカ・オープン大学、香港公開大学など、様々な国にオープン大学という通信制大学ができています。

マレーシア・オープン大学は、ＭＢＡや情報科学、教育、心理学などのコースを設けていて、学部も大学院も１００万円以下の学費で卒業できますので、学費を抑える上では検討に含めても良いかもしれませんが、他の大半のオープン大学ではウェブサイトがわかりにくいことも多く、あまり選択肢には入ってこないと思います。

CHAPTER 8

通信教育で7人のノーベル賞受賞者を輩出！ 通信の老舗ロンドン大学

ロンドン大学は、世界で最も歴史ある遠隔教育の大学です。1836年に創立され、1858年から通信教育を開始しています。1877年に日本初の大学として東京大学が設立される20年近くも前から、通信教育を提供していました。

しかし、ロンドン大学のことをちゃんと理解している日本人はなかなかいません。ロンドン大学のことを、THE「世界大学ランキング」などで調べてみてください。ロンドン大学シティ校やクイーン・メアリーなどは出てくると思いますが、「ロンドン大学（University of London）」という大学は出てこないはずです。

なぜなら、日本人が思い浮かべがちな「ロンドン大学」というものはないからです。

ロンドン大学というのは、複数の大学（カレッジ）が集まって構成された大学で、「ロンドン大学連合」や「ロンドン大学群」などとも呼ばれます。

ロンドン大学は学位を授与する機関であり、実際の大学教育は所属の各カレッジが行っているのです。

19世紀前半に、ロンドンではユニバーシティ・カレッジ・ロンドン（UCL）とキングス・カレッジ・ロンドン（KCL）の2つのカレッジが設立されましたが、学位を授与する権限はありませんでした。

そして、学位を授与する権限は、国王の勅許（ロイヤル・チャーター）によって付与されるのですが、UCLとKCLの学位を授与する機関として、ロンドン大学が設立されたのです。

さらに、1858年以降、ロンドン以外でも、学位を授与する権限のないカレッジに通っている学生向けに、試験に合格すれば学位を得られる制度が作られました（学外学位）。

例えば、イングランド中部に秋篠宮眞子様が留学されたレスター大学という大学があります。

レスター大学では、1957年に学位授与権が認められるまで、学生に学位を与えることができませんでした。そのため、ここに通う学生たちは、ロンドン大学の試験を受け、ロンドン大学の学位をもらっていたのです。

このレスター大学のような状況の大学が、イギリス本土や植民地等にたくさんあり、ロンドン大学は、学外学生への学位授与機関として機能してきました。

そして、今日でも、ロンドン大学は所属のカレッジのプログラムを修了し、試験に合格した学生に学位を与えているのです。

ただ、ややこしいことに、ロンドン大学所属のカレッジに通学する場合でも、ロンドン大学が学位を提供するカレッジと、独自に学位を発行するカレッジがあります。UCL、KCL、LSEなどでは、通学生には独自の学位を授与しています。

この辺りの制度の話は、しっかりと理解する必要はありません。

ただ、通信教育では、どこのカレッジのプログラムを修了しても、学位を発行するのはロンドン大学、とだけ覚えておいてください。大学のウェブページでは、各カレッジの名前が書かれているので、私も誤解していたことがありますが、これらのカレッジは各コースを監修しているという扱いです。

そして、ロンドン大学は学位を発行する機関であって、基本的には教育・研究は行わないので、「世界大学ランキング」には名前が出てこないのです。

もっとも、ロンドン大学に所属する多くのカレッジはＴＨＥ「世界大学ランキング」で高い評価を得ています。

特に、ＵＣＬ（１６位）、ロンドン・スクール・オブ・エコノミクス（２７位）、ＫＣＬ（３５位）は世界トップレベルの教育を行っていると言えるでしょう。

これらのカレッジがロンドン大学通信課程のプログラムを監修し、教材や試験問題の作成、採点などを行っているので、教育内容としては水準の高いものになっています。

また、ロンドン大学では、通信課程だけで7人のノーベル賞受賞者や、各国の大統領、首相、大臣、国会議員など様々な高名な卒業生を輩出しています。
南アフリカの元大統領ネルソン・マンデラ氏も学位は得なかったものの、刑務所に収監されていたころにロンドン大学通信課程で法学を学んでいました。

では、このロンドン大学の各カレッジと、そのカレッジが提供する通信課程について、カレッジ名のアルファベット順に紹介します。

・バークベック・カレッジ…夜間教育を中心としたカレッジ。法学、哲学、マーケティング、人的資源管理、組織心理学といった学位プログラムを提供。

・シティ…2016年にロンドン大学に加盟したばかりの、マーガレット・サッチャーの母校。ジャーナリズムの名門校。サプライチェーンマネジメントの学位プログラムを提供。

・ゴールドスミス・カレッジ…現代美術などの分野で有名。コンピュータ科学、データサイエンス、英語学などの学位プログラムを提供。

・**キングス・カレッジ・ロンドン**…イングランドで4番目に古い伝統校。イギリスのトップ大学の一つ。法学、心理学の学位プログラムを提供。

・**ロンドン・ビジネス・スクール**…世界トップレベルのビジネススクールの一つ。MOOCのコース提供のみであり、学位プログラムは提供していない。

・**ロンドン衛生熱帯医学大学院**…公衆衛生と感染症研究の分野で有名。臨床試験、人口学と健康、疫学、公衆衛生などの学位プログラムを提供。

・**クイーン・メアリー**…名称はメアリー王妃が由来。研究型名門大学が所属するラッセル・グループの一角。法学、MBAの学位プログラムを提供。

・**ロイヤル・ホロウェイ**…ヴィクトリア女王によって正式に開学されたことから、「ロイヤル」の名を冠する。元々は女性のための教育機関。経営学、歴史、情報セキュリティ、石油地質学の学位プログラムを提供。

・**先端研究所**…９つの研究機関から構成され、人文科学、社会科学の研究を行っている。デジタル人権、法学、英米文学、歴史学、ラテンアメリカ学などの学位プログラムを提供。

・**東洋アフリカ研究学院**…アジア、アフリカ、中東の地域研究に特化したカレッジ。法学、気候変動、財政学、ジェンダー、外交、国際開発などの学位プログラムを提供。

・**ロンドン・スクール・オブ・エコノミクス**…社会科学に特化したカレッジで、特に経済学では世界的に有名。ＥＭＦＳＳ（Economics, Management, Finance and Social Science）というプログラムの下、会計学、法学、ビジネス、経済学、国際関係学などの学位を取得するコースを提供。

・**王立獣医大学**…イギリスで最古、最大の獣医学校。家畜健康・生産、獣医疫学・公衆衛生の学位プログラムを提供。

・**ユニヴァーシティ・カレッジ・ロンドン**…ロンドン大学の中で最古のカレッジ。イギリスを代表する名門校の一つ。伊藤博文などが学んだことでも有名。法学、会計学、教育の学位プログラムを提供。

このほかにも、セントラル・スクール・オブ・スピーチ、コートールド美術研究所、ヘイスロップ・カレッジ、ロンドン大学癌研究所、王立音楽アカデミー、セント・ジョージ医学校がロンドン大学に加盟していますが、通信教育は提供していません。

また、各カレッジの監修ではなく、ロンドン大学通信課程が独自に提供している、学位・資格コースもあります。

ひとえにロンドン大学通信課程と言っても、提供しているカレッジによって勉強の仕方や評価の仕方が異なります。

私が通ったLSEのEMFSSでは、基本的にはテキストで独学し、評価は試験一発勝負でした。複数のカレッジが提供している法学の学士や修士コースでも似たような仕組みを採用していますが、他のコースでは、オンラインで課題を提出していくようなものもあります。

各コースを監修するカレッジは異なるので、一つのコースを調べて、他も同じものと判断するのではなく、あらゆるコースの概要を調べてみることで、自分に合ったコースが見つかります。

ロンドン大学は伝統ある大学ですが、近年でも2007年にインペリアル・カレッジ・ロンドンが脱退し、2016年にシティ校が加盟、2018年に神学を専門とするヘイスロップ・カレッジが閉校するなど、加盟団体には変化が見られます。

また、通信課程の名称も、1900年から2010年までは、ロンドン大学エクスターナルシステム、2010年から2018年まではロンドン大学インターナショナルプログラム（インターナショナルアカデミー）でしたが、現在ではロンドン大学ワールドワイドと呼ばれています。

私が通ったEMFSSのプログラムも、学費が高騰したことに加え、通信で入れるものやグラデュエート・ディプロマのコースが減っています。大学側に問い合わせたところ、今後、コースを増やす考えもあるようですが、未定とのことです。また、現在、オンライン授業を充実化させていますので、今後オンラインの課題などが増える可能性もあります。

今後も通信教育を提供するカレッジや、内容が変わってくることが想定されますので、現在、適切なプログラムがなかったとしても、今後提供されることもあるでしょう。

CHAPTER 9

米英以外の通信大学 実は通信教育の盛んな南アフリカ、インド

これまで紹介してきた大学のほとんどは、アメリカ、イギリスの大学ですが、日本でも通信専門の通信制大学があるように、もちろん世界各地に通信制大学があります。中でも、南アフリカとインドの2国は意外にも通信教育の盛んな国と言えます。

南アフリカでは特に、南アフリカ大学は1873年に「喜望峰大学」の名で創立された伝統ある通信制大学です。

ロンドン大学通信課程の方が歴史は長いですが、通信専門の大学としては世界最古の大学です。ネルソン・マンデラはロンドン大学通信課程に入る前に、南アフリカ大学通信課程で学位を取得していました。同大学卒業者では、ネルソン・マンデラに加え、同国でアパルトヘイト反対運動などを行った神学者、デズモンド・ムピロ・ツツがノーベル賞を受賞しています。

大半の通信課程が修士課程までなのに対し、南アフリカ大学では、通信教育で様々な分野の博士号を取れるプログラムも提供しています。

このほかにも、南アフリカでは、ヨハネスブルク大学、ウィットウォーターズランド大学などがオンラインのプログラムを提供しています。

また、インドでも主に国内や近隣諸国向けですが、大規模な通信教育を行っています。特に、国立インディラ・ガンディー・オープン大学（ＩＧＮＯＵ）には、４００万人の学生がおり、世界最大の学生数を誇る大学になっています。

また、先ほど、無料のプログラムを提供していたとして紹介したアミティ大学では、多様な学位プログラムをオンラインで提供していて、例えば、ＭＢＡのコースでも４，２００ドル（約４４万円）で修了できます。

そのほか、バハラッティ・ビドゥヤピース、デリー大学などが通信教育を行っています。

ただし、特にインドの大学では、通信課程が格安に見えても、現地の学生と国外学生では学費が大幅に異なることもあります。インドルピーで学費が書いてある場合に、米ドルの表記や海外学生向けのページを探すなど、注意しなければなりません。

また、英語で海外大学に通うには、他にオーストラリアやカナダなどが考えられます。オーストラリアでは、国内大学の通信課程がオープン・ユニバーシティーズ・オーストラリア（Open Universities Australia）というプラットフォームにまとまっています。

ただ、同サイトが示す学費は学士課程で1万9千～7万豪ドル（140万円～530万円）、修士課程は1万7千～10万6千豪ドルと（120万円～800万円）なっています。学費面での魅力も少なく、オーストラリア国内の名門大学もほとんどプログラムを提供していないため、同国に思い入れがない限りは、選択肢に含める必要はないかと思います。カナダについても、通信課程を提供する大学が少ないので、基本的にはアメリカ、イギリスの大学を探せばよいでしょう。

CHAPTER 10

こんな使い方もできる？

さて、この章では、様々な通信課程のプログラムやその特徴を紹介してきました。

この本では、すでに学生を終えた「大人」向けに書いていますが、ここで、高校生や大学生向けの内容を書きます。なぜなら、通信課程には、高校生や大学生向けのユニークな利用法が考えられるからです。

(1)セルフでダブル・ディグリー?

日本の大学の中にも、海外大学と提携してダブル・ディグリーのプログラムを提供しているところがあります。ダブル・ディグリーというのは、単位互換制度を利用することで、2つの大学の学位を取ることです。

こうしたダブル・ディグリーのプログラムは、大学同士で提携を組んで設置するものですから、自分の通っている大学にこうしたプログラムがなければ、ダブル・ディグリーを取ることはできません。

しかし、通信課程を使えば、大学の4年間で日本と海外の2つの学位を取ることは理論的には可能です。

学生が複数の大学に所属する、いわゆる「二重学籍」は文部科学省が不適切と判断していますし、大学の規則として認めていないことが多いです。しかし、通常のダブル・ディグリーの場合も海外大学との二重学籍を置くことになるため、海外の大学であれば、二重学籍が認められるという事例もあるようです。

もし、国内大学、海外大学の両方で二重学籍の問題がなければ、国内大学に通いながら海外大学通信課程に入学し、セルフでダブル・ディグリーを取ることもできるのです。

ただし、これを理由に退学となったとしても、こちらでは責任を負えませんので、必ず、規定上の問題がないかを両大学に確認してから行ってください。

国内大学に通いながら、海外大学で学ぶなんて、勉強量が多くて無理だと思うかもしれません。

ですが、武蔵大学では、実際にこれと似たことをしています。

ロンドン大学ＥＭＦＳＳのコースを調べていると、「地域の教育センター（Local teaching centre）で学ぶ」というものを見つけられると思います。そこで、地域を「日本」に設定すると、武蔵大学が出てきます。

これはなぜかというと、武蔵大学がロンドン大学通信課程を活用して、ロンドン大学の学位を取るプログラムを提供しているからです。

武蔵大学は２０１５年に、ロンドン大学のプログラムを学内で履修する「パラレル・ディグリー」というプログラムを開始しました。これは、武蔵大学の学位取得を目指しながら、ロンドン大学の学位取得も並行して目指すというもので、これを目指す学生は、通常の大学の授業とは別に、武蔵大学の教員から英語で授業を受け、各科目の修了時にロンドン大学のペーパーテストを受けるというものです。

多くの海外大学通信課程は、サラリーマンが働きながらでも卒業を目指せるものなので、国内大学と海外大学の二重学籍規定と、英語力さえ問題なければ、セルフでダブル・ディグリーも十分達成可能だと思います。

(2)通信課程を使って「飛び級」する?

これは大したメリットはなさそうなので、あくまで通信教育の可能性としてだけ提示しておきます。

オープン大学の入学年齢は、16歳以上とされています(ただし、例外的に16歳未満で入学できることもあるようです)。18歳未満だと、手続きが通常と異なり、高校に通っている場合は高校の許可を取ってということも規定に書いてあるので、日本から入学できるかどうかは確認が必要ですが、入学するのに高校の卒業証明書も提出する必要がないので、１６歳で大学生になることができます。

日本国内では、千葉大学に飛び入学制度がありますが、まだまだ一般的ではありません。海外大学では、よく「飛び級で大学卒業の天才」みたいなことが言われたりしますが、オープン大学に１６歳で入学し、最短の３年で卒業すれば、未成年で大卒になることも理論的には可能です。

ただし、日本社会では、まだまだ２２歳の大卒者の新卒一括採用などが盛んですので、１９歳で海外の通信制大学を卒業してもメリットは少ないと思われます。

(3)海外大学に編入する

最後になりましたが、実現するとすれば、これが一番、実益がありそうな使い方です。

すでにピープル大学を紹介する際に書きましたが、特にアメリカでは大学の編入制度があります。「Transfer」という言い方をしますが、アメリカの大学情報をまとめたとあるサイトによれば、毎年７０万人以上の学生がこの制度を利用しているそうです。

ピープル大学で2年間学び、優秀な成績で準学士号を取れば、世界トップレベルのカリフォルニア大学バークレー校などに編入するという道が開けてきます。

これまでは、ずば抜けて能力の高い名門高校の生徒などを別とすれば、日本から海外の名門大学への進学ルートは、アメリカ現地の短大に入って良い成績を残し、名門大学に編入するというものでした。これと同じことが、ピープル大学のような通信課程でも可能になるのです。

ピープル大学の入学に必要な英語力は英検準1級ですので、英語がかなり得意な高校生であれば入学できます。また、学費も準学士号取得までに2，060ドル（約22万円）です。アメリカの短大に通うのよりも費用をかなり抑えられます。

また、アメリカの短大に入っても、トップレベルの好成績を取らなければ、トップ大学には編入できないため、アメリカに行ったからといって、名門大学卒業が約束されるわけではありません。

そこで、日本の大学に通いながら、ピープル大学で学んで、名門大学に編入できるぐらいの成績が取れれば編入・留学するという手が考えられます。

一時期流行ったビリギャルも、英語と小論文の2科目で受験して慶應義塾大学総合政策学部に入学したように、日本の私大入試において英語が得意というのはかなりのアドバンテージになります。ピープル大学の基準となる英検準1級を取れるレベルの英語力があれば、日本の私立大学の入試では相当有利に働きます。

ひとまず日本の大学に入学しておいて、英語の勉強がてら並行してピープル大学でも学び、もし優良な成績を取れれば、日本の大学は中退して、海外に編入するということも考えられます。編入できなければ、そのまま日本の大学を卒業すれば、リスクはありません。イギリスの大学に留学する場合には、入学前に必要となるファウンデーションコースを並行して通信で取れれば、現地にいる期間が1年短くなります。

ただ、これも二重学籍問題があるため、必ず事前に確認するようにしてください。なお、私が確認した際には、ピープル大学側は二重学籍でも問題ないという回答を得ました。

また、ピープル大学はカリフォルニア大学バークレー校と提携をしていますが、編入学においてはカリフォルニア州居住者を優先するとしていますし、大学編入学においては通常、学業以外のボランティア活動などの取組も評価対象となるので、ピープル大学準学士号をGPA4・0（満点）で取得したとしても、確実に編入学できるという保証はありません。

なんだ、結局、実際にできるかもわからないし、大した使い方じゃないじゃないか、と思われたかもしれません。私も試したわけではないので、これらはあくまで机上の空論にすぎないのかもしれません。

ただ、通学課程ではないような潜在性が、通信課程にはあるということです。

このように柔軟に活用方法を考えていけば、通信課程は、学生、社会人、主婦、高齢者など様々な方に、きっと新たな可能性をもたらしてくれるのではないかと思います。

PART 3
海外大学の入学・通学・卒業

CHAPTER 1

1年で卒業も？ 海外大学の制度

ここまでで、ある程度理解していただけたと思いますが、海外大学の教育制度は、日本と異なる部分が多くあります。全ての制度を理解する必要はありませんが、ある程度の知識があった方が、入学する大学を選びやすいので、説明しておきます。

なお、ここでは、アメリカとイギリスの大学制度を中心にお話ししますが、その他の国でも似ていることが多いので、参考にしてください。また、日本の戦後の大学制度はアメリカの影響が多いので、アメリカ大学の方が、より日本の大学制度に近くなっています。

(1)アメリカの大学

アメリカの大学には、学士号を取得する4年生大学と、準学士号・短期大学士号を取得する2年制大学があります。また、4年制大学には、総合大学と、リベラルアーツ教育を行うリベラルアーツカレッジなどがありますが、一般に日本で名前の知られているような大学には総合大学が多いです。また公立（主に州立）大学と私立大学があり、連邦政府が設立する国立大学は軍学校など、連邦の公務員を育成するような大学に限られます。

ハーバード大学やスタンフォード大学、マサチューセッツ工科大学などの名門校をはじめとして、私立名門大学群のアイビー・リーグなどが日本でも名前が知られているように、世界でもトップレベルの研究や教育を行う大学が多くあります。

(2) イギリスの大学

イギリスの大学は、スコットランドの大学を除けば、ほとんどの学士課程は3年で卒業できます。ただし、日本の高卒レベルが入学レベルとそのまま認められないことが多いため、留学する場合には、通常、「ファウンデーション」と呼ばれるコースに1年通って、大学に進学します。

また、修士課程には、1年で修了するものが多いですが、パートタイムの通信教育だと通常、2年以上となっています。ただ、2年未満で卒業できるものも確かにあります。

ほとんどの大学が国公立で、私立大学はほとんどありません。そのため、日本語で「英国国立○○大学」と書いていても、必ずしも学力が高いわけではありません。もちろん、アメリカのディグリー・ミルのような怪しい私立大学に比べれば、国公立という点では信用がおけますが、国公立大学でもレベルは玉石混交です。

オックスフォード大学やケンブリッジ大学（いわゆる「オックスブリッジ」）が最も有名ですが、欧州中から学生が集まるため、ほかにも世界トップレベルの大学が揃っています。また、アメリカと比べると歴史が長いので、中世からあるオックスブリッジのように大学の歴史も長くなっています。

こうしたオックスブリッジに、エディンバラ大学、ダブリン大学など、１６００年以前に設立されたスコットランドやアイルランドの大学を加えて「古代の大学（ancient universities）」と呼ばれる大学群が、特に歴史あるものとして知られています。

こうした大学が石造りのゴシック建築であるのに対し、１９世紀から２０世紀初頭に作られた大学が赤レンガ造りのため「赤レンガ大学（red brick universities）」、２０世紀中期以降に建てられたモダン建築の大学が「プレートガラス大学（plate glass universities）」などと呼ばれたりします。

また、アメリカのアイビー・リーグのように、学力の高さを示す大学群として、「ラッセル・グループ（Russell Group）」というものがあります。こちらは、研究型大学が政府や議会に要望を伝えるグループとして設立されたものですので、必ずしも日本で言う偏差値や入学難易度に対応したものではありませんが、イギリス国内の上位大学が所属しているものとして知られています。

なお、私が最初に入学していたリヴァプール大学は、このうち赤レンガ大学とラッセル・グループの２つに区分されます。同様に区分される大学の中では、バーミンガム大学やマンチェスター大学でも通信教育も充実しています。

大学制度が日本と異なるところも多いですが、オーストラリアなど、いわゆる英連邦の国々ではイギリスの大学制度に準じているところが多いので、世界的には制度が似ている国も多いです。

(3)学部と大学院、ディプロマとサーティフィケート

海外大学のウェブサイトを開いて、学位プログラムを探そうとすると、Undergraduate

とPostgraduateに分けられていることが多いです。このUndergraduateは学部レベル、Postgraduateは大学院レベルと考えてください。

日本の大学と同じで、学部では学士号、大学院では修士号や博士号を取ることができるのですが、日本の大学ではあまり見かけない資格も出しています。それが、ディプロマ（Diploma）とサーティフィケート（Certificate）です。

左の図はイギリスの国家資格フレームワーク（国家が定める、学位・資格のレベル）のうち、大学入学に必要な資格であるAレベル（レベル3）以上を抜き出したものです。

これまで、この本で説明した資格のほかにも、ロンドン大学通信課程ではサーティフィケート・オブ・ハイアーエデュケーション（CertHE）のプログラムも提供していますが、レベル4、だいたい学士号の3分の1、つまり学部1年間分を修了した場合にもらえる資格です。

なお、オーストラリアでは、グラデュエート・ディプロマが、修士レベルになっており、実質的にポストグラデュエート・ディプロマと同じ扱いになっていますから、オーストラ

大学院 (Postgraduate)	レベル8	博士号（Doctor）
	レベル7	修士号（Master） Post Graduate Diploma Post Graduate Certificate
学部 (Undergraduate)	レベル6	学士号（Bachelor） Graduate Diploma
	レベル5	Foundation Degree Diploma of Higher Education (DipHE)
	レベル4	Certificate of Higher Education (CertHE)
高校卒業	レベル3	A Level

イギリスの「国家資格フレームワーク」の主な学位・資格（レベル３以上）

リアの修士課程を見る際には注意が必要です。

また、これが大変ややこしいのですが、スコットランドの大学や、イングランドの4年制学部などでは、学部卒業でもMasterという学位を取れるようにしていることもあります。

通信教育を行っているスコットランドのヘリオット・ワット大学などもそうですが、同大学の場合には、現在のところ大学院レベルでしかプログラムを提供していませんので、混同しないで済みます。今後、もし学部レベルのプログラムが出てきたときに、注意する必要があるでしょう。

なお、このレベルというのは、必ずしも1つずつ上がっていかなければならないというものでもないようです。制度上は、学士レベルの学生が修士課程に入らず、直接レベル8の博士課程に入学するということもできるようです（アメリカでも同様に、修士号を条件としない博士課程も多いようです）。私がもらったグラデュエート・ディプロマに添付された証明書のなかにも「修士課程または直接、博士課程に進学できる」と書いてあります。

もっとも、これは制度上可能というだけで、実際に博士課程への入学を認めるかどうかは大学側が判断することですので、相当優秀な場合でないと、このような「飛び級」はあまりないのではないかと思います。

(4) BA（MA）とBSc（MSc）

海外大学の学位プログラムを探していると、BA、BScやMA、MScという言葉を見るでしょう。

これは、日本では馴染みがないため、わかりにくいのですが、Bachelor of Arts と Bachelor of Science、Master of Arts と Master of Science の略です。

これらの違いは、厳密にはなかなか説明できるものではありませんが、基本的には、BAやMAは文系、BScやMScは理系のことが多いぐらいの認識で見てもらえれば問題ないと思います（なお、アメリカではＢＳｃやＭＳｃはＢＳやＭＳなどと言います）。ＢＡやＭＡは社会科学や人文科学の分野、ＢＳｃやＭＳｃは自然科学の分野で使われることが多いということです。

ただ、ここで言う、Artsとは、リベラルアーツのことなので、必ずしも日本で言う文系のことを指すわけではありません。また、非常にややこしいことに、ＢＡにするかＢＳｃにするかは各大学が決めることなので、同じ学問分野でも、ＢＡであったりＢＳｃであったりするのです。物理学がＢＡであることも、政治学がＢＳｃであることもあるのです。ＢＳｃと書いてあるだけで、「理系だからやめておこう」と思う必要はないということです。

ＢＳｃはロンドン大学が１８６０年に初めて授与したものなので、中世からあるオックスフォード大学やケンブリッジ大学では授与していませんし、ＬＳＥは社会科学系の大学ですが、授与する学位をＢＳｃやＭＳｃにしています。

また、数学の修士をMMath (Master of Mathematics) とするなど、特に理系の学位ではArtやScienceを入れていないことも多いので、名称にはこだわりすぎる必要はありません。

(5)課程学位か研究学位か

学位の名称にはこだわりすぎる必要はないと言ったばかりですが、ちょっと注意が必要な場合もあります。というのも、イギリスの修士課程には、課程学位（taught）と研究学位（research）の2種類があるからです。課程学位では、コースワーク（授業）がメインなのに対し、研究学位では、研究論文がメインの評価対象となるのです。

つまり、研究学位の課程に入ると、博士課程進学も視野に入れて、完成度の高い論文を英語で仕上げなければならないのです。当然ですが、研究が長引けばその分、修士号取得までの期間も長引きます。

修了後に博士課程に進学して、ばりばり論文を書きたいなどのこだわりがない限りは、課程学位にしておけば良いかと思います。

たいていの場合は課程学位ですが、各コースの概要でtaughtかresearchかを確認できます。また、研究学位にはMRes (Master of Research)や、博士課程のような専門性の高い研究を行うMPhil (Master of Philosophy)がありますので、これらの学位名になっている場合は、課程学位と異なるため、気を付けてください。また、オックスフォード大学とケンブリッジ大学では、フルタイムのものをMPhil、パートタイムのものをＭＳｔ (Master of Study) と使い分けをしていますが、フルタイムか否かの違いであり、同等の学位とされているようです。

なお、MPhil は直訳すると修士（哲学）になってしまいますが、哲学以外の分野も含みます。博士号のことを Ph.D.（Doctor of Philosophy）と言うのと同様です。「哲学」の語源は、ギリシア語の「知を愛する（philosophia)」というものです。古代ギリシアのアリストテレスなどの philosophia は、自然科学を含む、あらゆる学問を含んでいたため、現在の狭義の「哲学」とは異なります。これらの学位の場合も、単に今日の西洋哲学を指したものではなく、幅広い学問を指して使っています。

(6) 専門職学位

日本でも法科大学院など、専門職大学院はかなり広まってきているので、ご存知の方も多いと思いますが、専門性の高い職業人を養成するための大学院を専門職大学院と言い、そこで取得できる学位が専門職学位です。

通信課程でメジャーな専門職学位はＭＢＡです。経営学を教えて、企業の経営者や管理職を育てるコースです。似たようなコースで Master of Management などもありますが、こちらは、職業人を育てるのではなく、経営学を学術的に研究していくものです。

また、公務員向けコースのＭＰＡ（公共経営修士、Master of Public Administration）や、公衆衛生の専門職であるＭＰＨ（公衆衛生学修士、Master of Public Health）を設けている通信課程も多くなっています。

あと、専門職大学院といえば、日本では法科大学院も人気の高いところです。法科大学院の学位であるＪＤ（法務博士（専門職）、Juris Doctor）は、シラキュース大学などが通信コースを設置しています。

また、似たような学位で、LL.M.（修士（法学）、Master of Laws）という学位があり、ロンドン大学がクイーン・メアリーとＵＣＬの監修の下、通信コースを設置しています。こちらのコースも、ＥＭＦＳＳのように、試験一発勝負のものです。法学に詳しく、海外の法律も学びたい方には、良いコースでしょう。

ＪＤとLL.M の違いですが、ＪＤは日本でいう法科大学院の学位で裁判官や弁護士を目指す人が取るものです。これとは別に、大学院には法学研究科というものがあります。法学を学術的に研究するもので、こちらの学位が LL.M. です。先ほど説明したＭＢＡと

Master of Management の違いと似たようなものです。

ところで、なんで Master of Laws を略すと LL.M. になるんだと思った方もいるでしょう。LL.M. というのは、これをラテン語で書いたときの「Legum Magister」の略なのです。スペルからも予想がつくように、Legum が Laws、Magister が Master の意味です。それでも、略すんだったら、L.M. になるんじゃないでしょうか。

これは、ただのうんちくですが、ラテン語には複数形の単語を省略するときに、頭文字を2つ書くという法則があるのです（legum は lex（法）の複数形です）。

似たようなことは英語でも行うことがあります。海外大学通信講座で英語のエッセイを書くときに、脚注で引用元を書きますが、その際に、文献の参照ページが15ページの場合、page を略して p.15 と書きます。これが、15～17ページであれば、複数形の pages を略して pp.15-17 と書くのです。このとき、ラテン語と同様に、頭文字を2つ並べて複数形であることを表しています。

MBA、MPA、MPHなどの学位は、基本的に現在、関連の仕事に就いている人を対象としたものですから、入学に職務経歴が求められることが多いです。仕事の関係者からの推薦状が必要な場合もあります。
実務に直結する知識を学べるので、通信課程を通じてスキルアップをしたい方におすすめです。

(7)評定

アメリカでは、一般的に各科目の評定（GP）を5ランクで付け、それらを平均したGPAが成績として残ります。4を最高として、0が最低です。最も優秀な成績で卒業した学生は、valedictorianと呼ばれ卒業生総代として卒業式でスピーチをしたりします。日本で言う、首席です。そのほか、成績上位からsumma cum laude（上位5％）、magna cum laude（上位10％）、cum laude（上位20％）などと称号を送ることもあります（上位何％とするかは大学によるので、一例です）。これらは、ラテン語の称号のため、「ラテン・オナーズ」と呼ばれます。

一方、イギリスの学位の場合は、システムが異なります。最も優秀な成績の卒業生は、学部の場合でファーストクラス（First Class）、大学院の場合でディスティンクション（Distinction）という評価をもらいます。ファーストクラスやディスティンクションは日本の「首席」とは違って、同じ課程に何人もいます。

学部卒業時の平均点が70点以上ならばファースト、60～69点でアッパーセカンド(Upper Second)、50～59点でローワーセカンド(Lower Second)、40～49点でサード(Third)などとするのが一般的です。

また、大学院の場合は、ディスティンクション(70点以上)、メリット(Merit、60～69点)、パス(Pass、50～59点)などと評価されます。

アメリカのラテン・オナーズが上位数%の称号であるのに対し、イギリスのこれらのランクは、得点さえ取れれば取得できるものです。ローワーセカンド以下だと進学や就職にも支障を来すことがあるため、通常の成績を取っていれば、卒業生にアッパーセカンド以上を付けることが一般的なようです。実際に、イギリスの大学全体では3割弱がファーストクラス、5割弱がアッパーセカンドになっており、サードが付く人は5%以下しかいません。

これらはもちろん、良い成績で卒業できたらいいね、という話なのですが、入学時には少しやっかいです。

イギリスの修士課程の入学要件を見ると、学部の成績がアッパーセカンド以上などと書いてあることが多いのですが、イギリス国外の大学を卒業している場合には、GPAの何点がアッパーセカンドに該当するのかを確認しなければならないからです。おおむね3・3ぐらいなのですが、大学によって換算が異なるので、注意が必要です。なお、「2:1」や「2i」、「II-1」などと書いてある場合もアッパーセカンドのことを指します。

(8)優等学位

イギリスの大学の学士には、「Honours」「Hons」などと書いてあることがあります。これは、優等学位と呼ばれるものです。「優等」なので、先ほど説明したファーストクラスなどの人が取るものなのかと思うかもしれません。

ですが、ファーストからサードまでの成績は同じ優等学位の中でつけられるのです。通常、イギリスの大学では360単位が必要ですが、これが300単位で卒業する場合や優等学位の取得条件に満たなかった場合などに、優等ではない普通学士（ordinary と言います）になるようです。その最後の60単位は卒論作成など専門分野の勉強・研究ですので、これらの課程を終えたかどうかが優等か否かの差です。

ほとんどの大学の場合、取得できるのは優等学位です。そして、その優等学位の中で、ファーストクラスからサードまでの成績が付くのです。

ですから、調べた海外の学士コースの中で、BA（honours）などと書いてあっても、優秀な成績を取らなければならないというわけではなく、日本の大学卒業と同程度ですよ、という意味ととらえてもらえれば、特に問題はないでしょう。

CHAPTER 2 海外大学通信課程の選び方

さて、この海外大学の制度を踏まえたうえで、実際に、出願する大学を考えていきましょう。

特徴的な通信教育を行う大学は「PART2　海外大学の多様な通信課程」で紹介してきましたが、それ以外の大学でも、通信教育を行っています。各大学が提供しているプログラムは、「〇〇 University online degree」や「〇〇 University distance learning」などとネットで検索すれば出てきます。

(1)大学ランキングを読む

大学名で調べるとはいっても、海外大学の名前をあまり知らないという方が多いでしょうから、どこの大学が良い大学なのかわからないと思います。

基本的には、ランキングなどで世界的に評価されている大学は、教育の質が高いので、通信課程で提供している内容や一緒に通う学生の質も高いと考えて良いでしょう（ただし、通信に力を入れていない大学も多いので、ランキングが必ずしも通信教育の質に比例しているわけではありません）。


海外大学のランキングとしては、日本では、タイムズ・ハイアー・エデュケーション（THE）のものが一番有名で、ほかにQSのランキングや、上海交通大学のランキング、アラブ首長国連邦の団体（CWUR）が作成しているランキングがあります。

ただ、基本的には、THEのものと、QSのものを参考にすれば良いでしょう。

総合のランキングと科目別のランキングを作成している点ではどちらも同じですが、それぞれ、ユニークなランキングも作成しているので、深く調べたい方はどちらも見てみてください。


例えば、THEでは、2019年には「評判ランキング」（World Reputation Rankings 2019）というものを作成していました。東大は世界大学ランキングでは欧米の大学に劣り、最近では中国やシンガポールの大学にも負けてきているということが言われますが、この「評判ランキング」では、11位で、米英に次いでアジアナンバーワンになっています。

そのほか、THEでは2020年にはSDGsの観点から「Impact Rankings 2020」というランキングを作成していますし、日本での需要が高いためか、日本の大学ランキングも作成しています。

一方、QSが作成している「オンラインMBAランキング」は、MBAのプログラムを考える上で役立ちますし、創立50年以内の大学ランキングなども作成しています。

総合ランキングに目が行きがちですが、学ぼうとしている科目別に見てみるのも良いでしょう。総合ランキングはあくまで全学部でのランキングなので、特定の科目に強い大学が見えてこないからです。

例えば、ロンドン大学のEMFSSを監修しているLSEは、日本の一橋大学のように社会科学が中心の大学ですから、QSの総合ランキングでは49位になっていますが、社会科学の分野で見ると、ハーバード大学に次ぐ世界2位です。

工学や教育学、MBAなど、個々の科目で見てみることで、新たに候補となる大学が見つかるはずです。

また、世界の大学ではありませんが、ＵＳ Ｎｅｗｓがアメリカの「オンライン大学ランキング」（Best online bachelor's programs）を出していますので、アメリカの大学への入学を考える際には参考にしてください。

⑵100％通信課程か

海外大学通信課程のウェブページにアクセスして、確認する重要項目として、そのプログラムを完全に通信で修了できるかどうかということがあげられます。

「Online」と書いてある場合でも、ハーバード大学のように、よく読むと通学でも単位を取らないと卒業できないプログラムもあります。その場合は、「Blended」や「On Campus」などと書いてありますので、注意が必要です。

なお、私が紹介しているロンドン大学のＥＭＦＳＳでも、通信ではなく、地域の教育センターに通わなければならないものもあります。

「fully（または completely や entirely）online」「100% online」などと書いてある場合は、

安心して良いでしょう。それでも不安な場合は、大学に直接問い合わせてください。

また、オンラインプログラムは基本的には海外学生も受け入れていますが、日本からの入学が簡単でない場合もあるので、問い合わせる際には、そうした点も確認してみても良いでしょう。

(3)フルタイムとパートタイム

また、「フルタイム」や「パートタイム」と書いてある場合があります。これは、そのままの意味で、フルタイムというのが、通常の通学のように、学生として勉強に多くの時間をさける人が入学するものです。他方、パートタイムは、働いているなど、片手間にしか勉強をできない人が入学するものです。

パートタイムだと、就学期間がフルタイムの倍程度になりますが、本業があることを前提に作られているので、仕事を続けたまま勉強できます。働きながらフルタイムの通信課程を卒業することも不可能ではありませんが、難易度が上がるため、パートタイムのものを選んだ方が良いでしょう。

毎週必要な勉強時間を例示している大学も多いので、そうした情報も参考になるはずです。パートタイムだと、だいたい15～20時間ぐらいだと思いますが、あくまで目安で、私は、試験直前以外はそんなに勉強したことはありません。ただ、課題が多い週などもあるでしょうから、週に15～20時間ぐらいは取れる、というスケジューリングをしておくのが無難ではあります。

仮に15時間勉強が必要な場合でも、毎日2時間以上机に向かえというものではありません。提出物を出す場合には、パソコンで書くことが必要になりますが、論文を読んだり、動画を見たりというインプットも多いです。

通勤電車の中でスマートフォンを使って論文を読んだり、料理をしながら動画を見たりと、他のことをする時間を活用すれば、机に向かう時間も減るはずです。

また、週に何回も提出物がある場合は別ですが、土日のどちらかで集中して勉強時間を確保するというのでも良いでしょう。

働いて帰った後に、毎日2時間以上机に向かうというのでは、よほど強い意志がないと、ばててしまいます。

どうしても時間が取れない場合には、コーセラのイリノイ大学の修士コースには週10～12時間のものもありますし、エデックスのマイクロ修士では6時間以下のものもあります。また、毎週はやらなくて良いコースもあるので、その大学の学習の進め方を調べて、生活に過度な負担なく進められそうなものを探してみてください。

また、Zoomを活用した授業など、リアルタイムで出席が必要な授業がある場合には、深夜や仕事中などの時間に出席が求められることも懸念されるため、注意が必要です。

(4)Self-paced

コースによっては、「Self-paced」などと書いてあることがあります。これは、自分のペースで進められるという意味なので、通常よりも柔軟性の高いものです。毎週決められた日に課題ができないなど、スケジュール調整が難しい場合には、こうした表記のあるコースを検討に含めると良いでしょう。

(5)ちゃんと卒業できるのか

あと、確認をするとすれば、そのプログラムの卒業率です。

それなりに覚悟を持って入学するものなので、MOOCのように、修了者の割合が約3%ということはないでしょうが、中退する人はいるはずなので、その割合を調べれば、卒業の難易度がわかってきます。

卒業率の高いプログラムは、概要の中でもその高さを宣伝している場合もありますが、書いていないことも多いです。教えてくれるかはわかりませんが、大学に直接、詳細を問い合わせる際には聞いてみても良いでしょう。

(6)必要な英語力

海外大学に入学する上で必要な英語力は、最低でもIELTS5・5～6・0レベルです。日本の英検で言えば、準一級レベルです。

ただ、これは最低レベルですから、名門校ではこれ以上の基準が設けられていることが多くなっています。IELTSであれば7・5、TOEFLであれば、100点以上などの高水準が求められることもあります。


ノンネイティブの場合には、ほとんどの大学・大学院ではこれらの試験の証明書を求められますから、各大学のウェブページで確認しておく必要があります。なお、IELTSやTOEFLの結果を提出する必要があると書いてありながら、具体的な点数が書いていないこともあります。

この場合は、厳格に点数を決めて足切りをするというものではないと思いますので、同程度の大学の基準を参考としながらも、多少点数が及ばなくても入学できる可能性があります。

(7)高校・大学時代の成績 GPA

海外大学や大学院の選考では、成績証明書を求められます。これが、アメリカならばGPA、イギリスならばファースト、アッパーセカンド（高校の成績であれば、Oレベルの各グレード）などの評価に換算されて、選考結果に影響します。日本と同様ですが、大学入学の場合は、高校の成績証明書、大学院に入るには大学の成績証明書を提出します。

日本の大学・大学院入試では、筆記試験での成績が重視されるため、推薦をもらう場合などを除いては、在学中の成績はあまり関係してきません。成績が5段階で1だろうが、試験当日に良い点数が取れれば大学に入れます。

しかし、海外の場合はそうとは限りません。アメリカやイギリスの大学では、在学中の成績が重視されます。

特に、イギリスの大学院では、筆記での学力試験を設けていないことも多いので、唯一、英語以外の学力を判断する基準となるのは、成績証明書です。そのため、大学時代の成績が低いと不利に働くと考えて良いでしょう。

海外大学院の入学条件を調べていると、GPA3・5以上やアッパーセカンド以上という記述を見つけることが多いはずです。こうした大学院の場合には、その基準を満たしていない限りは、原則的には入学できません。

確かに、入試のときだけ点数が良いことよりも、高校3年間や大学4年間の成績が高い方が評価されるべきだよな、と納得できる人も多いでしょう。ですが、ちょっと考えてみてください。これは、日本ではなかなか考えがたいことなのです。

なぜなら、成績があまり良くない東大生よりも、偏差値50の大学で成績が良い学生の方が、評価が高いということになるからです。

＊大学入試でみると…

大学院入試はあまりなじみがない方が多いと思うので、大学入試で説明しましょう。

偏差値75のK高校に通うAさんと、偏差値50のT高校に通うBさん。この二人がいたとしましょう。

Aさんは、K高校の中では成績があまりよくなく、評定平均が5段階中3でした。でも、超進学校に通っていて、大学入学共通テスト（旧センター試験）で9割の点数を取れます。一方、Bさんは、T高校の中では学年トップで評定平均では5段階中5でしたが、共通テストでは6割しか取れません。

大学の一般入試では、この場合に圧倒的に有利なのはAさんです。なぜなら、日本の一般入試では、筆記試験の得点が重視されるからです。

しかし、海外ではそうとは限らないということです。成績証明書だけで判断するならば、この場合、Bさんの方が圧倒的に有利です。なぜなら、「超名門校のK高校なんだから、学内では成績が取りにくいだろうし、評定平均3でも、T高校の評定平均5より上だろう」とはならないからです。

入学基準が評定平均4だった場合、学校の偏差値が何だろうが、その中で評定平均5を取っているということは高評価です。偏差値75の学校だろうが、3では基準未満なので、入学書類もまともに受け付けてもらえない可能性が高いです。

＊大学院では…

さあ、ここで、大学院で考えてみましょう。海外の大学院に入る際に基準となるのは、大学時代の成績です。では、ＧＰＡだけで評価をするとして、一番不利な大学はどこでしょうか。

一番とは言い切れませんが、最も不利な大学の一つが、東京大学でしょう。

みなさんご存知のように、東大は、日本で一番偏差値の高い大学です。

そして、日本国内には東大より偏差値が上の大学はありません。東大の偏差値は、予備校などではだいたい７０以上としています。でも、偏差値には７０より上があるのです。偏差値８０の人が国内の大学に進学しようとしても、東大より上の選択肢がありません。ですから、東大の学生は、最低の偏差値は７０程度あるかもしれませんが、偏差値８０や９０などの超天才も同じ大学にいることになるのです。

東大には全国からトップレベルの学生が集まってきていますから、一般的に考えて、その中で良い成績を取るのは他の大学よりも難しいです。東大で5段階評価の一番上(優上)を取るのと、偏差値50の大学で一番上を取るのでは難易度が異なるものでしょう。

GPA以外の判断材料として、東大卒が評価されることは十分考えられますが、あくまで大学の成績を見る上では、東大でも他大学でも平等に判断されます。

日本社会では、大学時代の成績は、一部の企業の採用で求められることもあるようですが、あまり関係がないことが多いでしょう。それよりも、東大卒であることの方が、圧倒的に評価されるのです。

もちろん、海外でも、ハーバード大学やオックスフォード大学のような超名門校の学生は、格別の評価を受けています。しかし、その中で成績が優れない場合には、大学院入試や企業への就職時に、日本の場合よりも不利に働くということです。

アメリカの大学では編入学制度によって、短大を優秀な成績で卒業した学生が、名門大学に編入することも多くなっています。短大の入学は、英語さえできればそれほど難しくはないと言われているので、それで東大よりも世界ランキングで上位の大学に入学できてしまうのは、腑に落ちない人もいるでしょう。

ただ、これらに共通する考えは、「牛後よりも鶏口の方が評価できる」というものだと思います。たとえ、名のない大学に通っていても、その中でトップレベルの成績を残せる人は評価できるというのでしょう。

海外大学大学院に入る上で求められるのは、「どこの大学に入ったか」ではなく、「その大学でどう頑張ってきたか」であるということです。

＊大学で成績が今ひとつだったら…

さて、こうなると困るのが、大学時代の成績が良くなかった人です。

実際に留学する人でも、ＧＰＡが低いから、大学に入りなおすという人もいるようです。ただ、「海外大学院に入るためにいまさら大学に入り直せるか」という人が大半でしょう。

その場合は、選択肢は狭まりますが、大学時代の成績があまり求められない大学院を探すことになります。例えば、オープン大学の中には学士号を持っていれば成績を問わない大学院のコースもあります。

また、ロンドン大学の法学のポストグラデュエート・サーティフィケートのコースなど、学部時代の成績に関係なく、学士号を持っていれば入れるというものもあります。

GPAにはもう一つ注意点があります。

国内の大学でGPAを算出している場合でも、アメリカよりも不利な計算がされている場合があるということです。

日本の大学の評価を仮に、A、B、C、D、Eの5段階としましょう。Eは単位を取れなかった「不可」のときにつくものです。日本の場合では、不可以外では卒業単位に加算されます。この場合、全科目Dさえ取れれば卒業できるのです。

ただ、これをGPAに換算するときに問題が出てきます。

GPAは4、3、2、1、0の5段階です。これを直接、日本の大学の評価に当てはめて、Aを4、Bを3、Cを2、Dを1、Eを0としたとしましょう。

全部、D評価で卒業した人は、GPAが1・0になります。しかし、アメリカでは、大学を卒業するには、通常、GPA2・0以上が必要なのです。GPAがずっと2・0を下回っている場合には、退学になることもあります。つまり、GPA1・0では卒業することができないのです。

アメリカの５段階評価		
A (excellent)	90-100	4ポイント
B (good)	80-89	3ポイント
C (average)	70-79	2ポイント
D (passing)	60-69	1ポイント
F (failing)	10-59	0ポイント
日本の４段階評価への換算表（例）		
優　またはA	80-100	4ポイント
良　またはB	70-79	3ポイント
可　またはC	60-69	2ポイント
不可またはD	0-59	0ポイント

日本の成績とGPAの換算例(日米教育委員会資料を基に作成)。

日米教育委員会では、図のような換算表を作成しています。これであれば、日本の大学で単位を取得する最低点である「可」は2に相当することになっていますから、全て可でもGPAは2・0です。

ただ、日本の各大学の基準でGPAを計算した場合には、卒業時にGPAが2・0よりも低くなっていることもあり、進学時に不利に働くことも考えられます。

なお、東大では一部の研究科などを除いて、公式にGPAへの換算表を出していませんし、他の大学でもGPAを算出していない大学も多いです。その場合には、出願先の各海外大学が独自の計算を行って、GPAを判断します。

また、日本の大学でＧＰＡを算出している場合でも、どのように計算するかは、最終的には各大学側の判断になりますので、ＧＰＡが低い場合でも入学できる可能性はあります。

(8)では、どの大学を選べばいいのか

これまでにご説明したことを踏まえれば、自分で様々な通信課程のコースを探せることとでしょう。ただ、注意すべきなのが、各大学のコースの内容や費用等は頻繁に変わるということです。

例えば、私が最初に入学したリヴァプール大学大学院は、ローリエート・エデュケーションという会社と提携してプログラムを提供していたのですが、２０２１年で提携を終了する予定で、新しいプログラムに移行中です。そのため、提供している通信コースが一時的に少なくなっています。

ロンドン大学でＬＳＥが監修しているＥＭＦＳＳのプログラムも、オンラインのサービスを拡充する一方で、学費が大幅に値上がりしました。

海外大学が提供するコースはすぐに変わってしまうので、自分でそのときの最新のコー

ス情報を探す際の方法を重視して説明しました。おすすめのコースを紹介するとしても、あなたの現在の英語力や関心のある分野によって内容がかなり変わってきます。

例えば、費用面や大学ランクの高さでは、同じ学位を通学の2割程度の学費で取れるジョージア工科大学の通信課程などがおすすめできますが、これはデータ分析の分野なので統計学や機械学習の知識が要求されますし、TOEFL100点を取れなければ入学要件を満たせないので、専門分野の知識と高い英語力を兼ね備えた人にしかついていけません。

長続きするかわからないという方は、エデックスでメリーランド大学が提供するMBAのマイクロ修士（MBA Core Curriculum）から始めてみるというのも良いでしょう。一週間に8~10時間の勉強で、費用は1350ドル（約14万円）なので負担が少なく始められます。後でメリーランド大学のオンラインMBAコースに入学した場合に、マイクロ修士で取った単位を移行することで、修了までに必要な単位の25%として認められます。

ただし、MBA修了までの期間が長くなりますし、何より、メリーランド大学のオンラインMBAには現地への通学も含まれているので、仕事などの都合上、修了できない人が多いでしょう。

このように、あらゆる人におすすめできるコースというのはないのです。

ただ、幾多とある海外大学通信課程からやみくもに探すのも大変です。

そこで、候補となるような大学の一覧（次頁）を作りました。レベルの高い大学に集中せずに、様々なレベルや学費のものを紹介していますから、ニーズに合わせて選んでください。分野を指定せずに「学士課程」や「修士課程」と書いているものは、複数のコースを提供しているので、ご自身の関心に合ったコースを提供しているかもしれません。

もっとも、これ以外にも多数のコースがありますので、あくまで参考程度にしてください。

また、この表には入れませんでしたが、マンチェスター大学（英、51位）やマサチューセッツ大学（米、201~250位）なども多数のコースを提供しているので、選択肢として考えられるでしょう。

ほかにも様々な選択肢があるので、これを参考に、自分にぴったりのコースを探してみてください。

大学名	国	コース(例)※1	学費(例)※2	IELTS ※3	TOEFL ※3	THE 順位 ※4
スタンフォード大学	米	修士(工学)	60,840 ドル		89	2位
		修士(その他)			100	
ハーバード大学※5	米	学士課程	30,080-60,160 ドル	7.0	100	3位
		修士課程	29,000-34,800 ドル			
ケンブリッジ大学	英	修士課程	22,050 ポンド	7.5	110	6位
ユニバーシティ・カレッジ・ロンドン	英	修士(機械学習・データサイエンス)(コーセラ)	28,000 ポンド	7.0		11位
ミシガン大学	米	修士(応用データサイエンス)(コーセラ)	31,688-42,262 ドル		100	22位
ノースウェスタン大学	米	公共政策修士	46,670-48,295 ドル	7.0	100	24位
ジョージア工科大学	米	修士(分析)(エデックス)	9,900 ドル		100	38位
イリノイ大学	米	修士(経営学)(コーセラ)	10,872 ドル	7.5	103	48位
ボストン大学	米	MBA(エデックス)	24,000 ドル	6.5	90	54位
ウォーリック大学※5	英	MBA	34,150 ポンド	7.0	100	77位
バーミンガム大学	英	MBA	21,600 ポンド	6.5		107位
ペンシルバニア州立大学	米	修士(プロジェクトマネジメント)	29,880 ドル	6.5	80	114位
アリゾナ州立大学	米	修士(コンピューター科学)(コーセラ)	15,000 ドル	6.5	80	184位
ヘリオット・ワット大学	英	修士課程	13,000 ポンド	6.5		351-400位
エディンバラ・ネイピア大学	英	修士課程	7,290 ポンド	6.0	80	601-800位
オープン大学	英	学士課程	18,576 ポンド	5.5※6		601-800位
		修士課程	9,630-21,920 ポンド			
オックスフォード・ブルックス大学	英	修士課程	7,700 ポンド	6.5		601-800位
レクサム・グリンドゥル大学	英	MBA	6,000 ポンド	6.5	83	ランク外
ピープル大学	米	学士課程	4,060 ドル	6.0	61	ランク外
		MBA、修士(教育学)	2,460-2,660 ドル	6.5	71	
ロンドン大学	英	学士(法学)	5,108 ポンド	6.0	87	対象外※7
		学士(経済学)	20,500 ポンド	6.0	87	
		修士(法学)	9,579 ポンド	6.5	92	
		MBA	14,585 ポンド	6.5	92	

通信課程を提供している大学の例

※1: コースは一例であり、このほかのコースが提供されているものもあります。

※2: 学費は特定のコースのものであり、これ以上の学費がかかるコースもあります。また、大学側が示している数字を基に計算していますが、手数料等でこれ以上の費用がかかることも想定されます。

※3: 空欄は、大学側が受け付けていない、または基準となる得点を出していないもの。

※4:2021 年のタイムズ・ハイアー・エデュケーション(THE)「世界大学ランキング」。

※5: 現地への通学も必要な「ブレンデッド」のコース。

※6: オープン大学の入学要件は目安であり、多くのコースでは英語の証明書等の提出は求められません。

※7: ロンドン大学はカレッジ別でランク付けされているため、THE「世界大学ランキング」の対象外です。

CHAPTER 3

入学手続には、何が必要なのか

入学したいコースを見つけたら、いよいよ入学手続きを確認します。

出願に必要な基準や書類は、たいてい「Admission（入学）」というページに書いてあります。特に、入学に必要なGPAや英語力等は、そのページ内に「Enrollment requirements（入学要件）」などとしてまとめて書いてあります。

学力や専門知識の有無を示すGPAやGRE、英語力を示すIELTSやTOEFLについては「PART 1」の中でまとめましたが、学力や英語力以外の点でも、作成や提出が必要な書類があります。

通常、①願書、②成績証明書、③エッセイ、④CV、⑤推薦状などが必要となります。

①願書は通信課程の場合、オンラインの入学フォームで入力します。

②成績証明書は、出身校に英語で発行してもらうようにします。

③エッセイは、志望動機や学びたいことなどを指定の字数やフォーマット内で、英語で

作成します。

④ＣＶとは、ラテン語の「Curriculum Vitae」の略ですが、履歴書のことです。ビジネスで英語を使う方は、経歴を書いたBiographyというものを見たことがある人も多いでしょう。Biographyは、その人の経歴や業績を簡潔に文章で説明したものなのに対して、ＣＶは就活や入学などで使う書類で、職歴、学歴、能力などを箇条書きなどでまとめたものです。

大学から指定のフォーマットがない限りは任意の様式で自作しますが、ネット上でサンプルの様式なども公開されていますので、参考にして作成してください。

ＭＢＡであれば、会社での管理職等としての経験、ＭＰＡであれば行政機関での経験など、プログラムに関係の深い経歴や資格は必ず書く必要があります。特に、こうした専門職系のプログラムですと、「３年以上の実務経験」など、必要な経歴が指定されていることも多いので、書き漏らした場合は入学要件を満たさないと判断される可能性もあります。

⑤推薦状は特にＭＢＡコースなどで必要なことが多いです。２、３人からの推薦が必須条件となっている場合は、会社の上司や大学の恩師などに推薦状を書いてもらいましょう。

推薦者に指定がある場合は、それに従います。

推薦状も英語で提出する必要がありますので、日本語で作成してもらった場合には、翻訳会社などに委託して英訳してもらいます。

CHAPTER 4

通信の学生生活

さて、入学が認められると、早速、通信大学生活が始まります。

私の経験をもとに、通信課程での学び方について説明しましょう。

プログラムによって異なりますが、①入学が認められてから、自分のペースで勉強できるものと、②入学後、決められた授業のペースに合わせて進めるものがあります。

私が通ったものでは、ロンドン大学が①、リヴァプール大学大学院が②です。教員がその都度課題を採点したり、学生同士で議論をしたりする場合は、②になりますので、こちらの方が一般的な通信課程だと思います。

また、②の場合でも、取る授業を自分で選べるものと、最初から最後まで取る授業が決まっているものの2種類があります。後者は自由度は低いですが、ずっと同じ学生と意見交換をしていくので、学生同士の仲を築きやすいものと思います。

(1) 1科目の単位　学士号を取るのにも6科目だけ?

日本の大学と海外の大学で違うのが、1科目の単位数です。

私が日本の大学に通っていたときは、卒業に必要な単位数124単位を満たすために、半期で2単位の講義を選んでいきました。つまり、講義がかなり細分化されていて、多くの科目を取らなければならない代わりに、選択の幅が広いのです。

アメリカの場合は、学部では卒業に必要な単位数が120～130単位、1科目が3単位という場合が多いので、日本よりは卒業までに選べる科目数が少ないとはいえ、目立って指摘するほどの違いではありません。

一方で、イギリスの3年制大学で優等学士を取得するのに必要な単位は一般的に360単位です。日本の感覚で考えると授業数が多いように思えますが、1科目の単位が10や15、20、30などと大きいため、卒業までに取る科目の選択肢は少なくなります。

オープン大学のオープン学位について説明した際に、専攻を選ばずに、自由に選んだ科目を積み上げて学位を取得できるとお話しました。日本の総合大学の感覚だと、幾多とある講義の中から60科目ぐらい選ぶように思えますが、オープン大学では、1科目の単位が30または60なので、60単位の科目を履修すると、6科目で卒業になるのです。

また、修士課程では、通常、必要単位が180単位です。各科目の単位数については、学部とほぼ同様ですが、60単位まで取るとポストグラデュエート・サーティフィケート、120単位まで取るとポストグラデュエート・ディプロマの資格がもらえるというのも一般的です。

(2)ロンドン大学に通ってみたら

実際に、海外大学に通うとはどういうことなのか、私が実際に通ったロンドン大学を例にして説明してみます。最近、EMFSSではオンライン講義を強化しているので、別の評価基準ができることも考えられます。しかし、現在でもEMFSSではペーパーテストは必須ですし、他の多くのロンドン大学のコースでも同様ですので、参考までに説明します。

ロンドン大学通信課程でＬＳＥが監修するＥＭＦＳＳでは、１科目が３０単位に相当するとされています。

通常、高卒から大学を卒業するのには３６０単位が必要ですが、私が通ったグラデュエート・ディプロマの場合は、その３分の１である１２０単位が必要となり、４科目取れば修了でした。私はすでに日本の大学を卒業して学士号を持っているので、ロンドン大学でディプロマではなく学士号を取る場合でも、学士編入で２４０単位、つまり8科目を取れば良いという計算になります。

私が通っていたＥＭＦＳＳの単位取得は、ペーパーテスト一発勝負でした。ＬＳＥが作成している教材を使って勉強し、試験に備えます。

フレキシブルな通信課程とはいえ、この試験日だけは固定されています。毎年、５月～6月が試験期間で、科目によって試験日が決められています。

科目試験のためだけに、イギリスに行くわけにもいかないので、各国で試験会場を代行しています。日本の場合は、東京の神楽坂にあるブリティッシュ・カウンシルに加え、大阪と福岡で試験代行を行っていますので、試験期間だけはこれらの都市のどこかに行かなければなりません。

なお、他の大学のコースでも、各国のテストセンターが代行していることがあるので、他の大学の通信課程に入った場合でも、これらの会場でペーパーテストを受けることがあります。

そして、試験は主に平日に行われますから、仕事を休む必要があります。運よく取っている科目の試験が同日の午前と午後に行われるなどの場合は、一日で2科目の試験をこなすことができますが、通常は別日になると考えて良いでしょう。

5月~6月に、半日休みを4回取得するのは、忙しい仕事をされている方ではなかなか難しいでしょう。その場合は、数年に分けて試験を受けることで、修了することができます。

学士課程の場合だと6年の間に360単位を取らなければならないので、1年に2科目(60単位)は試験を受けないといけない計算になります。

もし、仕事などでどうしても半日×2回休めなかったり、東京に行けなかったりという事情があれば、ペーパー試験のあるコースではなく、完全にオンラインで卒業できる別のコースを選んでください。

私が受けたEMFSSのペーパーテストは、1文の問題が12題出され、そのうち4題を選んで解答するというものでした。

各質問に対し、自分の好きなように論述していくというものです。

日本のように、鉛筆と消しゴムを使うものではなく、ボールペンで書いて、書き間違えた場合には、誤った部分をボールペンで上から消します。日本でよくあるような二重線の訂正で問題ないと思います。

試験の過去問は大学側が提供しているので、事前にある程度対策が可能でした。

テキストの中で重要なテーマと思われるところについて、説明できるように暗記をしておきます。

英語でアカデミックな文章を書くこと自体、ハードルが高いものですが、テキストや参考として載っている論文の表現を使いながら、解答案を作成すれば対応できます。

そうして作成した文章を暗記するというプロセスの中で、アカデミックな英語の書き方や単語を学ぶこともできますから、英語の勉強としても効果のあるものになります。

(3)アカデミックライティング

このアカデミックな英語というのは、単語が学術用語であるというだけではありません、英語はドイツ語などと同じゲルマン語派に属しますが、直接、またはフランス語経由で単語の6割以上をラテン語やギリシャ語から取り入れました。

ラテン語というのは、元々は古代ローマの言葉ですが、その後もヨーロッパの上流階級の間で使われていた言葉でした。そして、昔は、大学で学ぶようなエリートであれば、このラテン語を使いこなすことができたのです。

古代ローマで最も有名なカエサルは、ゼラの戦いに勝ったときに、「来た、見た、勝った(ラテン語で「VENI VIDI VICI」)」と言ったそうですが、このVENIがventure、VIDIがvideo、VICIがvictoryなどの形で、現在の英単語の中にも残っています。

しかし、ラテン語やギリシャ語を取り入れる前の古英語の中にも、すでに様々な単語がありました。

11世紀にイギリスの支配階級の言語がフランス語となって、英語の中に大量のフランス語が入ってくると、同じものを指す言葉でも、古英語から来たものと、フランス語から来たものの複数の単語が使われるようになりました（フランス語はラテン語の子孫なので、その単語の大半はラテン語から来たものです）。

ここで、同じ意味の言葉でも、古英語のものとフランス語のもので使い分けが生まれるようになりました。beef（牛肉）という単語の元になった言葉は、フランス語の中では、牛のことを指すものでした。そして、古英語の中にはすでに、同じく牛を指す ox という言葉がありました。

この二つの「牛」という単語は、家畜の飼育や料理をする人たちが使う「牛」という言葉としての「ox」と、牛肉料理を食べる上流階級の人たちが見る「牛肉」としての「beef」に分けられるようになっていったのです。

これは英語の日常会話におけるフランス語の例でしたが、ラテン語やギリシャ語から来た英単語も似たように、アカデミックな場などで使い分けられることが多いのです。

まずは、意味が通じることが大前提になりますし、ラテン語由来の単語などにこだわりすぎると、かえって不自然になりますので、実際にはテキストの表現などを参考にして答案を作成してください。

海外留学をした日本人がこれ見よがしにネイティブのスラングを使うこともありますが、日本の大学のレポートでネットスラングや若者言葉を使わないように、海外大学の試験や課題でスラングを使えば、ＴＰＯをわきまえていないことになります。

同様に、話し言葉としては正しい英語であっても、大学への提出物としては使わない方が良い英語表現があります。

色々な言い換えがあるので、状況に応じて使い分ける必要がありますが、「say」を「state」、「good」を「positive」など、言い換え表現を学んでいくことで、より英語のボキャブラリーも豊富になります。

また、レポートや論文を書く場合には、ラテン語の表現をそのまま使うことも多いです。

「etc.」や、「e.g.」「et al.」などの表現をよく使います。

ここでは、アカデミックな英語と言いましたが、ビジネスでもフォーマルな場で使う英語は、似たような使い分けをすることも多いため、仕事で使う英語の勉強にも役立ちます。また、単語の使い方だけではなく、論理構成もアカデミックライティング特有のものがありますので、海外学生の考え方のようなものも学ぶことができます。

アカデミックな英語はＩＥＬＴＳやＴＯＥＦＬの勉強の中でも学ぶ機会がありますし、専用の授業を設けている大学もありますので、それらを参考としてください。

(4)アメリカ英語とイギリス英語

この本の中でも「honour」や「centre」という英単語を書きましたが、これらは、スペルミスではありません。イギリス英語では正しいスペルなので、そのまま書いたものです。

このように、イギリス英語では、アメリカ英語とスペルが違うものや、表現が異なることがあります。日本の教育では、ネイティブの先生がアメリカ以外の出身の場合などでなければ、アメリカ英語以外はほとんど習いませんが、世界ではイギリス式のスペルを使う国もあります。

アメリカ英語とイギリス英語に大別されますが、オーストラリア英語では、基本的にイギリス英語に準じるものの、「programme」のスペルをアメリカ風の「program」と書くなど、国によってちょっとずつ違いがあります。

基本的には、イギリスの大学に通う場合には、イギリス英語でエッセイを書きます。読み書き中心なので発音まではこだわる必要はありませんが、スペルは米英どちらのものも覚えていた方が良いでしょう。

また、ノンネイティブなのでそこまで厳しくチェックされることはありませんが、細かい文法でも多少の差があります。例えば、「Mr.」もイギリス英語では「Mr」と、ピリオドを付けないことも多くなっています。単語の頭文字と語尾を含んで略すとき、ピリオドを付けないことがあるのです。

イギリスの大学に通えば、こうしたイギリス英語を学ぶ機会にもなります。

(5)単位を取るのは難しい？

「日本の大学は入るのが難しくて、卒業が簡単。海外の大学は入るのが簡単で卒業が難しい」という話を聞いたことがある人も多いでしょう。確かに、GPA2・0以上でないと卒業できないアメリカの大学は、日本よりも卒業が難しいかもしれません。そして、このとおりだとすると、単位を取るのは難しいと思う方もいるかもしれません。

しかし、リヴァプール大学大学院とロンドン大学で学んだ限りの私の経験では、真面目に対策をすれば「不可」を取ることは少ないと思います。

私は直前の対策が多かったため、良い成績ではありませんでしたが、計画的に対策できれば、入学時に基準ぎりぎりの英語力だったとしても、良い得点を狙うことは可能です。

あくまで私の印象にすぎませんが、英語で書かなければならないという難しさを除けば、慶應義塾大学通信課程のような日本の通信課程と比べて、海外大学が難しいとは言えないと思います。日本の同程度の大学で、単位を取れる学力があれば、あとはそれを英語で書けるようにするだけです。

ただ、試験や課題の難易度は、大学によってかなり差があると思われます。GPA3・0以上を求められるハーバード大学などでは、生半可な対策では、ノンネイティブにはかなり難しいものになるでしょう。

ロンドン大学のような試験一発勝負の大学は珍しく、通常の通信課程では、小テストやレポート、他の学生との議論内容なども評価対象に入ってきます。

このような場合、1週間ごとに課題が設けられていることが多いです。

週の初めに論文や記事、動画等が示されて、それらをふまえてレポートを作成したり、他の学生と電子掲示板上で意見交換したり、小テストに解答したりというものです。

学生で相互に意見交換するため、自分の意見を週の前半に書き込むことが求められることもあり、週に何回かの締め切りを抱えることになります。

例えば、毎週月曜日にテーマと論文が示されて、それに対する意見を400語以上で水曜までに書く。全学生が書いた意見を見ながら、問題点を指摘したり、気になる点を聞いたり、追加情報を書いたりという作業を金曜日までに行う。自分の意見に付いたコメントへの対応や、その他の課題は日曜までに終わらせる、というようなスタイルです。

これでは、最低でも週3回は大学の勉強をしなければならないので、仕事の繁忙期などと重なると、かなりきついことが予想されます。

仕事の状況によって、こうした交流が難しいという場合には、ペーパーテスト重視のものや、Self-paced のコースなど、ある程度自由にスケジュールを組める大学を選んだ方が良いでしょう。

(6)サマースクールで現地に行ってみる

私は参加しませんでしたが、通信課程でもサマースクールに参加できることがあります。ロンドン大学ＥＭＦＳＳの場合には、ＬＳＥのサマースクールの案内が送られてきます。ＥＭＦＳＳに在学している人や卒業生は、ＬＳＥの本科生や卒業生と同様に、１５％オフの割引価格で申し込むことができます。そして、ここで取得した単位は、ＥＭＦＳＳの卒業単位に加算することができます。

３週間のプログラムなので、なかなか現地に行って参加できる人は少ないでしょうし、サマースクールと言っても、申し込み条件がＥＭＦＳＳ自体への申し込みよりも厳しく、ＩＥＬＴＳ７・０以上（ＴＯＥＦＬでは１０７）の英語力と、ＧＰＡ３・３以上の成績が条件となっています。

２０１９年には世界中から８，７００人が参加していますが、通学の学生が多いので、平均年齢は２１歳。３０歳以上は３％しかいません。アメリカのイェール大学やプリンストン大学、ロンドン大学の他のカレッジ、オーストラリアのシドニー大学など、世界中の名門校から集まった学生との交流の機会でもありますが、３０代以上では少し浮いてしまうかもしれません。

(7)学生証で学割を使ってみる

通信課程でも、学生になると学生証が発行されます。私はリヴァプール大学大学院の学生証とロンドン大学の学生証をもらいましたが、ロンドン大学では、途中から電子の学生証に変わりました。

学生証を提示すれば、海外の美術館などで学割を使うこともできます。電子の学生証はスマートフォンで提示できるので、持ち歩く必要がなく、便利です。日本では使ったことがないので、どれくらい認められるのかわかりませんが、海外学生を認める学割であれば国内でも割引を受けることができると思います。

CHAPTER 5

海外大学を卒業する

海外大学を卒業すると、通常、通信課程であっても卒業式に呼ばれます。通信なので、卒業式に参加しなくても学位をもらうことはできるのですが、せっかく、がんばって卒業したのですから、できれば現地で参加したいものです。

具体的なイメージが湧いた方が、勉強のモチベーションにもつながると思いますので、私のロンドン大学の卒業式の経験をご紹介します。

私は、仕事を何とか一週間休んで、ロンドンでの卒業式に参加しました。なお、ロンドン大学通信課程の全プログラム合同での卒業式ですので、ＬＳＥが単体で開いているイベントを除けば、どのプログラムでも似た経験ができるものと思います。

5月に受けた試験の結果が出ると、卒業式前には卒業証書が発行されます。私の場合は、1月に証書が届きました（証書の日付は8月）。証書には、ロンドン大学の名称、自分の氏名、ＬＳＥが行った試験を通ったこと、学位名、副学長のサイン、発行日が書いてあります。

サインが学長ではなく、副学長なのは、学長はアン王女が名誉職で務めているからです。実質的な大学運営は副学長が行っています。こうした、学長を名誉職とするシステムは、イギリスをはじめ、コモンウェルスの国々の大学では一般的なものです。

ロンドン大学の学長は１９５５年以降、二代続けて王族が務めています。

証書には、学位資格の詳細な説明や、イギリスの学位システムの説明、ロンドン大学のプログラムの宣伝などが同封されていますが、それらに加えて、額縁販売のチラシも入っていました。

ロンドン大学の卒業証書用の額縁を購入できるうえ、真鍮製のレプリカ証書の作成も請け負っています。せっかく学位を取ったのですから、こうしたサービスを利用してみるのも面白そうです。

卒業式への参加には、事前に参加登録が必要となります。通信だと現地には行かない人が多いので、事前の人数確認が必要になるのだと思います。

また、卒業式にはアカデミック・ガウンの着用が必須ですので、事前にレンタルの予約をしておく必要があります。

日本では、学士レベルでアカデミック・ガウンを着ることは、まずありませんが、海外大学ではそれも一般的です。なお、アカデミック・ガウンは取得した学位によって異なるので、間違えずに自分の取得学位で予約を取っておかなければなりません。

(1)本部校舎ツアー

卒業式の前には、ロンドン大学の本部校舎の案内ツアーに参加することもできます。

ロンドン大学本部校舎

セネット・ハウスと呼ばれる本部校舎は1937年に完成したアール・デコ調の建物で、事務室のほか、図書館なども含まれており、登録することで図書館を利用することもできます。ジョージ・オーウェルの名作『1984年』の「真理省」の庁舎は、このセネット・ハウスをモデルにしていると言われています。

卒業生向けツアーの時間に行ってみると、出迎えてくれたスタッフが、「ようこそ、ここがあなたの母校です」と話しかけてくれました。

私が通ったプログラムは定期試験を受けるだけで、教授や他の学生との交流の機会はほとんどなかったのですが、こうしてスタッフが温かく迎え入れてくれたことで、ロンドン大学が母校になったという実感がわきました。各部屋にいるスタッフが、ロンドン大学の歴史やその部屋の役割などを解説してくれました。

(2) LSEレセプション

LSE レセプションの会場 (LSE 校舎) 前

EMFSSを監修しているLSEも、卒業式前日の18時から20時半にかけて、同校校舎内でのレセプションに招待してくれました。

レセプションというのは、立食形式のパーティーのことで、このレセプションはプログラムの代表でもある、LSEのネマト・シャフィク学長の主催の下に開かれました。

学位はロンドン大学から発行されるため、LS

Eで卒業式を行うわけではないのですが、社会科学の分野で世界的に名が知られているLSEの校舎内で、学長がコースの修了を祝ってくれるのは、喜ばしいものでした。

(3)卒業式・晩餐会

翌日、卒業式はロンドン市の公共施設であるバービカン・センターで行われました。人数が多いので、午前の部と午後の部に分けて開催されました。

受付でチケットをもらい、事前に予約していたガウンを着て、開始前に写真撮影をします。この写真撮影はオプションで有料のものです。また、卒業アルバムもこの会場で買うことができます。私にも卒業アルバムへの寄稿の案内が来ていたのですが、原稿は送らず、アルバムも買いませんでした。

会場では、学位別に席が設けられています。私のときには何名いたのかは把握していませんが、新型コロナウイルスのため延期となっている2020年の卒業式では、100か国以上から、卒業生とその家族、友人を含めて約4,000人の登録があったようです。

私のときは午前の部では学長であるアン王女が、午後の部では副学長が挨拶を行いました。このほかに、ロンドン市長などが来ていた年もあるようです。各学位の順番で名前が呼ばれ、ステージに上がって学長や副学長に挨拶をしていきます。このとき、優秀な成績で学位・資格を取得していると名前の後にファーストクラスや、ディスティンクションなどと呼ばれます。

卒業式後には、会場で軽食などが振る舞われるレセプションが開催されました。会場には、他の卒業生も集まっていますので、同級生との交流する機会となります。

さらに、こちらはオプションですが、19時からは卒業を祝う晩餐会も開かれました。晩餐会は、卒業式会場近くのパーティー会場で開かれましたが、円卓を囲んでディナーやワインを楽しみながら、演奏なども聴くという、日本の大学の卒業イベントと比べるとフォーマルな、まさに「晩餐会」というようなものでした。

現地への渡航費に加えて、卒業式に同席者が参加する際の参加費、晩餐会の参加費などが追加でかかりました。アルバムや写真などの記念品販売もあるので、卒業式を楽しむには、学費に加えてそれなりのお金がかかることを覚悟しておく必要があります。

CHAPTER 6
大学同窓会

大学通信課程を卒業すると、通常、同窓会に入ることができます。私の場合は、ロンドン大学のグラデュエート・ディプロマを取得したため、ロンドン大学の同窓会に入っています。

ロンドン大学では通信での卒業生向けの同窓会ですが、大学によっては、通学生と一緒の同窓会に入ることもあるでしょう。

例えば、ハーバード大学エクステンション・スクールでは、卒業生はエクステンション・スクールの同窓会（Harvard Extension Alumni Association）と、ハーバード大学全体の同窓会（Harvard Alumni Association）に入ることができます。

なお、エクステンション・スクールの同窓会は、修士や学士を取らずに、3つの授業をB以上の評価で修了した際にもらえるグラデュエート・サーティフィケートでも、同窓会の準会員になることができます。準会員は、会員と比べると受けられるサービスは少ないですが、卒業生向けのイベント等に参加することは可能です。

ロンドン大学の場合は、同窓会向けの会報の作成や、世界各地での同窓会イベントの案内、卒業生がもう一度大学で学ぶ際の割引などを行っていますが、私はあまり活用したことはありません。

イベントも海外で開かれるものが多いでしょうし、同窓会に入ったことで、メリットが多いとは思えませんが、ＭＢＡの同窓会などがある場合には、ビジネスにつながる人脈を築けるかもしれません。

CHAPTER 7

通信制学位の価値

最後に、海外大学通信課程で得た学位の価値について、お話しします。

せっかく、苦労して取る学位・資格なので、評価の高いものを取りたいと思われるでしょう。では、評価の高い学位等はあるのかというと、これは、何に重きを置くかによるとしか言えません。

もし、あなたが転職活動のために海外大学通信課程を使うとすれば、残念なことに十分な評価がされないこともあります。

あなたが、海外大学の学部課程を卒業すれば、大卒を募集要件としている企業にエントリーする資格を持つことになるのは確かです。

ただ、日本ではまだまだ通信課程への理解が乏しく、通学課程と同等の学位だと言っても、通学課程よりも下に扱われることが珍しくないでしょう。


また、大卒者が、スキルアップのために通信で修士号を取ったとしても、それだけで採用や転職で結果が出るわけではありません。

名門大学が通信で提供している経済学修士やデータ分析の修士課程では実務でも役立つ知識を学べますが、こうした修士号を持っているからといって、多くの人は通信課程の実態を知らないため、正当な評価ができないのではないでしょうか。


修了3年後の平均年収が2,100万円を超えているウォーリック大学のようなＭＢＡもありますので、国際認証のあるＭＢＡなどでは一定の評価を得られることもあるでしょう。

しかし、ＭＢＡ取得者を多く採用している業界などでなければ、なかなか各大学の学位の価値は理解できません。通信だという理由だけで、認証を受けていない通学制のＭＢＡ

よりも評価が低くなることも想定されます。

また、日本には諸外国と比べて特殊な学歴主義があります。

それは、通学制の学部至上主義、もっと言えば、入学試験の偏差値至上主義です。

名前が広く知られていない大学の修士や博士よりも、東京大学法学部や医学部卒の方が高く評価されることが多いということです。

本来、学部卒ならば日本ではどの大学を卒業しても学士なので同じ称号ですし、博士号はもちろんのこと、修士号よりも学歴が低いと言えるはずです。

しかし、大学を偏差値で評価する文化が強く、東大など入学時の偏差値が高い大学の学士が、偏差値の低い大学の修士号よりも、学歴が高く扱われる傾向があります。


一昔前は、大学在学中に外交官試験に受かり、中退して外務省に入省することや、学部卒業後、大学院に行かずに大学助手になる「学士助手」が超一流のエリートコースとして知られていました。

飛び級制度がないこともあってのことと思われますが、これは少しいびつな構造です。

こうしたこともあって、日本社会では、修士や博士の学位は、他国と比較して軽んじられる傾向にあるのではないでしょうか。

もちろん、海外でもハーバード大学やオックスブリッジの学部生が普通の大学の修士よりも優秀と扱われることはよくあることでしょう。

しかし、海外の場合、大学院卒者が社会でも採用時などに評価され、給料が高いことが多いので、優秀な学生は大学院に進学することが一般的です。

国連職員の採用は、通常、修士号の保有を応募の条件としていますし、海外ではその他の行政機関や民間企業でも院卒者への給与体系を変えていることも多いです。

英語では博士号取得者には、Mr.やMs.ではなく、Dr.という敬称がもちいられます。国際会議などに出て、参加者一覧の名簿を見ると、敬称で誰が博士号を持っているのか、一目瞭然です。

他方、日本の大学院は、通学ですら、特に文系大学院は就職に不利と言われたり、博士課程修了者の就職困難さを表した「博士が100人いるむら」というネット上の創作童話（無職や行方不明が多い）も作られたりしています。

また、私立大学から東京大学大学院に行くなど、偏差値の高い大学院に進学することは「学歴ロンダリング」と言われ、就職などでは東大の内部進学者と区別されるという話もあります。

こうした状況で、通信課程で学位を取っても、日本の転職市場では十分に評価されないことも懸念されます。

しかし、海外では、大学院卒者の方が専門スキルを評価されやすい傾向にありますので、外資系企業への転職であれば即戦力として評価される可能性も十分にあります。大半の大学では、取得する学位は通信でも通学でも同じですので、大学院で学んだことをアピールできれば、通学と大きく差別されることもないでしょう。

特に、英語力には一定の評価が得られるのではないでしょうか。

通信でも、海外大学を卒業したとなれば、これは、「語学学校に3年間通いました」よりも説得力の高い、英語力の証明となります。

海外とのやり取りを行うなど、高い英語力を求められる職では、アピール材料になります。

では、学術界での評価はどうでしょうか。

私の想像にすぎませんが、ほとんどの大学では、通信でも、通学と同様の学位を得られますから、通信であるというだけで進学時などに不利益を被ることは少ないと思います。

私が取得したグラデュエート・ディプロマの証明書の添付書類にも、これが、修士課程または直接、博士課程に進学する資格であることが書かれています。学位が通信で取ったものというだけで、不利な扱いを受けることはほとんどないと思います。

論文を書かずに取得できる学位は、相対的に評価は低くなるかもしれませんが、論文提出が必須のプログラムでは、通信であるか否かよりも、その論文の出来が評価対象となるのではないでしょうか。

慶應義塾大学通信課程を卒業後に、東大大学院に進学し、東大教授にまでなった方もいますし、進学などにおいては、通信だからというだけで、不当に不利な扱いを受けるわけではないでしょう。通信であるかどうかよりも、勉強してきた内容や、成果が求められるのだと思います。

今まで述べたことは、あくまで現在の評価です。

私は、通信課程の学位の価値は、就職活動などにおいても、今後、高まっていくと考えています。

現在、コロナ禍の中、多くの大学が通学課程でもオンライン授業を導入しています。

これらの授業を受けている大学生にとって、もはやオンライン授業は普通のものです。他の学生との交流の場が少なくなり、在宅のためモチベーションも上がらないなどの問題はあるでしょうが、オンラインで大学の講義を進められています。

そこで、むしろ今後、あり方を問われていくのは、旧来の教室での授業ではないでしょうか。大学教員からの直接の指導や、学生同士の意見交換のある少人数の授業やゼミ、実験設備を使う授業などは別として、大教室で教授の言ったことをノートに取るだけのような授業は、オンラインで十分にできてしまうのです。

もし、こうした旧来の授業を今後も残していくとすれば、オンラインではできない、教室だけの付加価値を生んでいかなければなりません。

一方で、情報テクノロジーは今後も進化を続けていきます。今以上に、オンライン授業の負担は少なくなるでしょうし、オンラインでできる教育の幅も広がっていくはずです。

オンラインで大学を卒業する人が増え、社会の中で卒業生の活躍が目立ってくれば、通信課程に対する偏見も払拭されてくるでしょう。

おわりに

私がロンドン大学の卒業式に参加したとき、印象的だったのが、日本人の卒業生がほとんどいなかったことです。

卒業生名簿を見ると、ファウンデーションコースを除いて、ロンドン大学通信課程で学部以上の学位・資格を取った日本人の名前はほとんど見つけることができません。一方で中国系の名前の方はかなりの人数を占めます。学部によっては3〜4割ぐらいいるのでは、というほどです。

なんで、こんなに日本人が少ないんだろう。

この疑問が、私がこの本を書くことにした理由です。

英語が苦手だからというのはあるでしょう。

しかし、通信課程ではほとんどスピーキング能力は使いませんし、英検準一級には毎年約1万人が受かっていますから、通えるレベルの日本人も多いはずです。

通信教育が盛んでないからでしょうか。

そのようにも思えますが、ここ数年間、日本国内での大学・大学院通信課程の学生数は16万人以上ですから、通信で学ぼうという人は意外にも多いのです。

では、なぜ海外大学通信課程で学ぶ日本人が少ないのでしょうか。

それは、情報がほとんど出回っていないからだと思います。

わずかに、海外大学通信課程に入学してブログ等で情報発信をしている人もいますが、興味を持って調べてみないと、そうした情報にはたどり着きません。

また、ロンドン大学と提携している武蔵大学に加え、民間企業が海外大学院と提携してMBAの通信コースを提供している場合もありますが、個人では情報が少ないため、自力で海外大学に直接出願するということがなかなかないのではないでしょうか。

コロナ禍の中で、通信課程への進学支援をはじめた留学エージェントもあるようですが、これまでは通信課程向けのサービスはほぼ皆無でした。

私の身の回りにも、海外大学を卒業した人はたくさんいますが、通信課程で卒業したという人は聞いたことがありません。しかし、世界では数百万という人々が、毎年通信課程で学んでいます。その中には、超名門校も含まれます。

THE「世界大学ランキング」で1000位以内に入っている日本の大学の中で、通信課程を置いているのは、帝京大学、慶應義塾大学、近畿大学、早稲田大学ぐらいではないでしょうか（なんでこの順番なのか？と疑問に思う方もいるでしょうが、これは同ランクの高い順です。THEなどのランキングは日本の偏差値ランキングとは基準が異なるので、日本人が一般的に思い浮かべがちな順位とは異なります）。

また、このうち大学院にも通信課程があるのは、帝京大学だけです。

それが、海外大学を見てみると、200位以内にもいくらでも通信課程を提供している大学・大学院が見つかります。この本でもそれらの大学の名前を出しましたが、まだまだあるのです。

個人で海外大学通信課程の情報を見つけたとしても、「卒業が難しい」と諦めてしまうことも多いでしょう。海外の通信に通う体験談をブログ等に書いている人の中には、勉強の大変さを書いている人も多く、やはり卒業はものすごく難しいんだと尻込みしてしまいがちです。

確かに、難易度が高いコースも多いのは事実です。しかし、入学時のリスクの少なさ、学費の安さ、英語の勉強になることなどを考えると、挑戦してみる価値は十分にあります。

近年、英語のコーチングをするサービスが増えています。毎日3時間程度分の宿題が出されて、その進捗報告をしていくというようなものです。そもそも、1日3時間も勉強すれば、やり方を間違えない限り、英語ができるようになって当然のようにも思えますが、なかなかモチベーションが保てないという人には良いサービスです。

これらのサービスが拡大していることを見れば、仕事などと両立しながら実際に毎日3時間勉強して、結果を出した人が一定数いることは確かです。そうした方は、せっかく毎日3時間（一週間に21時間）勉強ができるようになったのですから、少し続けてみて、海外大学のMBAコースなどに通ってみてはいかがでしょうか。

例えば、エデックスで提供されているボストン大学のMBAコース。一週間に15～20時間の勉強を2年で修了することができます。

英語力や、すでに持っている知識によって、かかる勉強時間はかなり異なってくるため、多めに見積もっておいた方が無難ですが、社会人を対象とした通信課程は、たいてい週に15~20時間程度の勉強時間を基準として示しています。

ただ、これは毎日3時間机に向かえ、という意味ではありません。料理を作りながら動画を見たり、通勤時間にスマートフォンで論文を読んだりすれば良いのです。

また、これは大学側が問題なく卒業できる時間として示しているだけのものですから、良い成績を取らずに卒業するだけなら、工夫次第ではもう少し時間数を減らすことができます。

それも厳しければ、最初は、週に15時間以下のコースや、10時間以下で良いマイクロ修士などのコースから始めれば良いでしょう。

私は社会人になってからよく大学・大学院に通っていたり、簡単な資格試験を受けていたりするので、よく「勉強が好きなんだね」と言われます。しかし、私は勉強が大嫌いです。私の母は、私が高校時代に机に向かっているのを見たことがないと言っていたほどです(実際は、多少は机に向かっていました)。

でも、試験直前になると、焦って勉強ができるようになるのです。

私と同じように、不真面目だった方には、8月31日に夏休みの宿題をまとめて終わらせた方もいらっしゃるでしょう。また、真面目な方でも、仕事でいきなり30分後に資料が必要になって、急いで作った経験などがあるでしょう。こうしたときには、普段よりもパフォーマンスが高くなります。

では、「8月31日」を年に何回も作ってしまえ、というのが私の戦略です。大学の課題や試験、資格試験などが年に何回もあるので、頻繁に勉強せざるを得ない状況にしているのです。ただし、直前に集中しすぎると体への負担もありますから、あまり真似はしないでください。

そんな、直前でしか勉強できないダメダメな私ですが、1つのことを半年以上継続的に、机に向かって勉強できたことがありました。それが、英語です。

私は、一念発起し、英語の勉強を本気ではじめたころ、平日は毎日仕事を終えてから深夜の1時過ぎまで、独学で英語を勉強していました。その結果、同年中に英検準1級やTOEIC930点を取り、通訳案内士の資格試験にも合格しました。

私が語学の勉強に向いていたというのではありません。私はその後に、フランス語や中国語も勉強していますが、やはりなかなか身に付かないものです。

では、なぜこれだけ集中し、結果を出すことができたのか。
それは、明確な「目標」があったからです。
その当時、私には仕事でどうしても行きたいポストがあり、そのためには、半年後には目に見える結果が出ていなければならなかったのです。

長期的に勉強を続けていくには、やはり大きな目標が必要です。
この本を読んでいる方には、今までちょっとずつ英語をやってきたけど、なかなか結果が出ない、という方もいるでしょう。
また、ある程度英語ができるけど、勉強がマンネリ化してしまっていて、これ以上あまり英語力が上がらない、という方もいるはずです。

そうした方にとって、海外大学への進学というのは大きな目標になるはずです。

これから仕事や家庭の環境を変えて留学するということは、なかなかできないでしょう。

しかし、通信課程であれば、誰でも、いつからでも簡単に通えます。

通信課程を利用して、「世界ランク東大・京大以上の大学で学ぶ」という目標を掲げてみてはどうでしょうか。

周りには、「何言ってんだ」とか「今さら海外大学に行ったってダメだ」と言う人も出てくるでしょう。しかし、今からでもあなたが海外名門大学に入学できる可能性は十分にあります。そして、その経験はあなたのキャリアアップや英語力の向上に役立つはずです。

私は、これからも海外大学通信課程などを通じて、勉強を続けていきます。

あなたも、ぜひチャレンジしてみませんか。

この本が、あなたの人生をより豊かなものにするため、少しでもお役に立てば幸いです。

アメリカ	
アリゾナ州立大学 (Arizona State University)	カリフォルニア大学バークレー校 (University of California, Berkeley)
ボストン大学 (Boston University)	カリフォルニア大学デービス校 (University of California, Davis)
コロンビア大学 (Columbia University)	イリノイ大学アーバナ・シャンペーン校 (University of Illinois, Urbana-Champaign)
エンブリー・リドル航空大学 (Embry-Riddle Aeronautical University)	メリーランド大学カレッジパーク校 (University of Maryland, College Park)
ジョージア工科大学 (Georgia Institute of Technology)	マサチューセッツ大学(University of Massachusetts)
ハーバード大学 (Harvard University)	ミシガン大学 (University of Michigan)
マサチューセッツ工科大学 (Massachusetts Institute of Technology)	南カリフォルニア大学 (University of Southem California)
ノースウエスタン大学 (Northwestem University)	テキサス大学オースティン校 (University of Texas at Austin)
ペンシルバニア州立大学 (Pennsylvania State University)	ピープル大学 (University of the People)
スタンフォード大学 (Stanford University)	ワールドクアント大学 (WorldQuant University)
シラキュース大学 (Syracuse University)	
イギリス	
エディンバラ・ネイピア大学 (Edinburgh Napier University)	オープン大学 (The Open University)
ヘリオットワット大学 (Heriot-Watt University)	ユニヴァーシティ・カレッジ・ロンドン (University College London)
インペリアル・カレッジ・ロンドン (Imperial College London)	バーミンガム大学 (University of Birmingham)
ロンドン・スクール・オブ・エコノミクス(London School of Economics and Political Science)	ケンブリッジ大学 (University of Cambridge)
オックスフォード・ブルックス大学 (Oxford Brookes University)	リヴァプール大学 (University of Liverpool)
クイーン・メアリー (Queen Mary, University of London)	ロンドン大学 (University of London)
ロイヤル・ホロウェイ (RoyalHolloway, University of London)	マンチェスター大学 (University of Manchester)
	オックスフォード大学 (University of Oxford)
	ウォーリック大学 (University of Warwick)
	レクサム・グリンドゥル大学 (Wrexham Glyndwr University)
その他の国	
アミティ大学 (Amity University Noida)	マレーシア・オープン大学(Open University Malaysia)
インディラ・ガンディー・オープン大学 (Indira Gandhi National Open University)	クイーンズランド大学(University of Queensland)
	南アフリカ大学 (University of South Africa)

本書で紹介した主な大学

【参考文献・ウェブページ】（ウェブページは全て 2020 年 11 月までのもの）
・各大学、各 MOOC 公式ウェブページ
・各大学ランキングウェブページ
・文部科学省 (2018)「各資格・検定試験と CEFR との対照表」
・安原義仁 (1999)「ロンドン大学学外課程の仕組みと動向 -- 法学学位を事例として」大学評価・学位授与機構『学位研究』第 10 号、151-162 頁
・ヴィヴィアン・H. H. グリーン (1994)『イギリスの大学　その歴史と生態』（安原義仁・成定薫訳）叢書ウニベルシタス
・Times Higher Education, The cost of studying at a university in the United States, https://www.timeshighereducation.com/student/advice/cost-studying-university-united-states
・Times Higher Education, The cost of studying at a university in the UK, https://www.timeshighereducation.com/student/advice/cost-studying-university-uk
・Inside Higher ED, Why MOOCs Didn't Work, in 3 Data Points, https://www.insidehighered.com/digital-learning/article/2019/01/16/study-offers-data-show-moocs-didnt-achieve-their-goals

※本書に記載の大学情報等は全て、執筆時のものです。今後、コース内容は変更する可能性があります。また、為替は 1 ドル 105 円、1 ポンド 140 円として計算（上から 3 桁目または 2 桁目を四捨五入）していますが、今後の変動によって日本円への換算も変わります。

姫松 冬紫（ひめまつ・とうし）
国内大学卒業後、苦手だった英語の勉強を社会人になって開始。TOEIC930点を取得後、海外赴任。働きながら通信課程で学び、社会科学分野世界2位のロンドン・スクール・オブ・エコノミクス(LSE)が監修するロンドン大学のコースでグラデュエート・ディプロマを取得。大学や資格試験を活用した勉強法を実践し、国内外の様々な大学・大学院で学ぶ。英検一級。通訳案内士試験（英語）合格。

mail：t.himematsu@gmail.com

海外《かいがい》の有名大学《ゆうめいだいがく》に、リモートで留学《りゅうがく》する

2020年12月11日　初版発行
2022年5月18日　2刷発行

著　者　姫　松　冬　紫
発行者　和　田　智　明
発行所　株式会社　ぱる出版

〒160-0011　東京都新宿区若葉1-9-16
03(3353)2835－代表　03(3353)2826－FAX
03(3353)3679－編集
振替　東京　00100-3-131586
印刷・製本　中央精版印刷(株)

ISBN978-4-8272-1259-4 C0030